U0891979

我的执教之道

袁伟民

编　者　的　话

出版一本由袁伟民自己谈怎么率领中国女排拼搏的书，是广大读者的要求，也是我们人民体育出版社的责任。

从更深的层次探究中国女排成功的奥秘，最真实的回答，最理想的形式，莫过于袁伟民的自述。这本介绍袁伟民执教的书，反映了许多比赛场上看不到的东西。全书围绕袁伟民八年奋斗历程中遇到的一系列事情，既有思想，又有实践，深入浅出、富有哲理地谈出了他对事业的理解，育人的经验，训练的秘诀，指挥的艺术。读来耐人寻味，令人折服。这不仅是一本具有指导价值和研究价值的体育书，也是一本对其他各行各业都能起借鉴和启迪作用的好书。

出版这本书，是我社早有的愿望。可是，要出好这样一本书，其难度非同一般。因为袁伟民是位名人，也是忙人，他不可能抽出整段时间来著书，为了写好这本书，他牺牲了许多休息时间，认真地进行了回顾、思考和总结。我们又约请了熟悉排球的《新体育》杂志社副总编何慧娴作为他的帮手，协助整理。我们怀着一定要把这笔宝贵的财富开掘出来的极大热情，与作者、协同者一起努力，今天，当这本书终于与广大读者见面时，我们感到十分欣慰。我们相信广大读者一定会喜欢它，并认识它的价值。

本书书名系袁伟民亲笔书写。

时间无情，人生有限。从我开始打排球，到结束教练员生涯，不知不觉在排球之路上走过了27个年头。上图：1963年我23岁，那时是中国男排的二传手。下图：是1964年，中国男排和日本队比赛后，周恩来总理接见我们。

这是1976年我出任主教练、韩云波任副教练时的中国女排。

实现三连冠以后，和姑娘们一起合影。

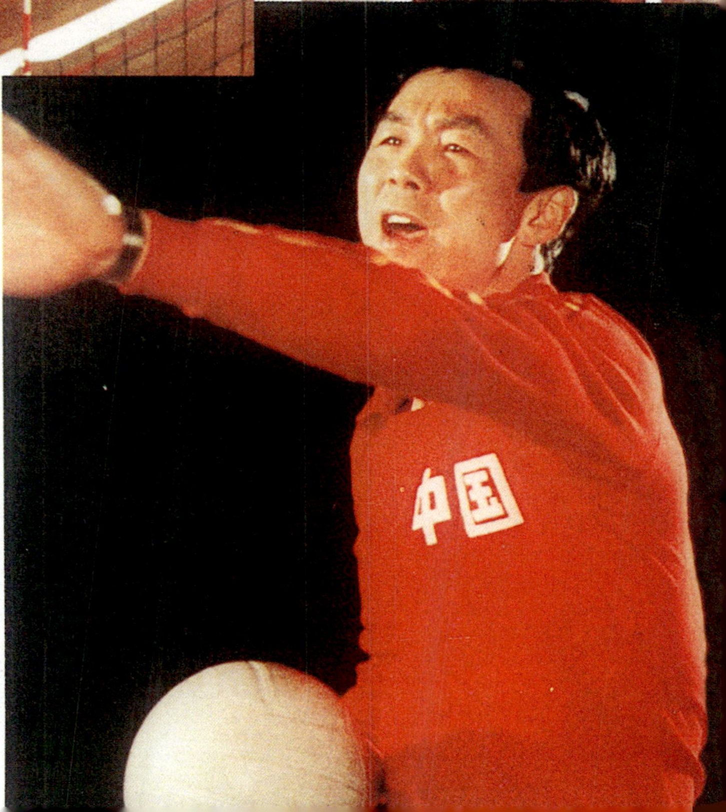

日本大松博文教练说，他一天要挥臂几千次。我没有作过统计，不过一天训练下来，手臂是很酸的。我的右胳膊比左胳膊粗好几公分。

训练中，我常常给姑娘们出难题。不符合质量过不了关，完不成指标下不了课。

研究技术、战术，所花的功夫并不亚于带训练。

要研究自己，也要研究对手，看比赛、看技术录像，花去不少时间。

思想工作，是我们实现五连冠的保证。有许多道理需要苦口婆心、举一反三灌输。

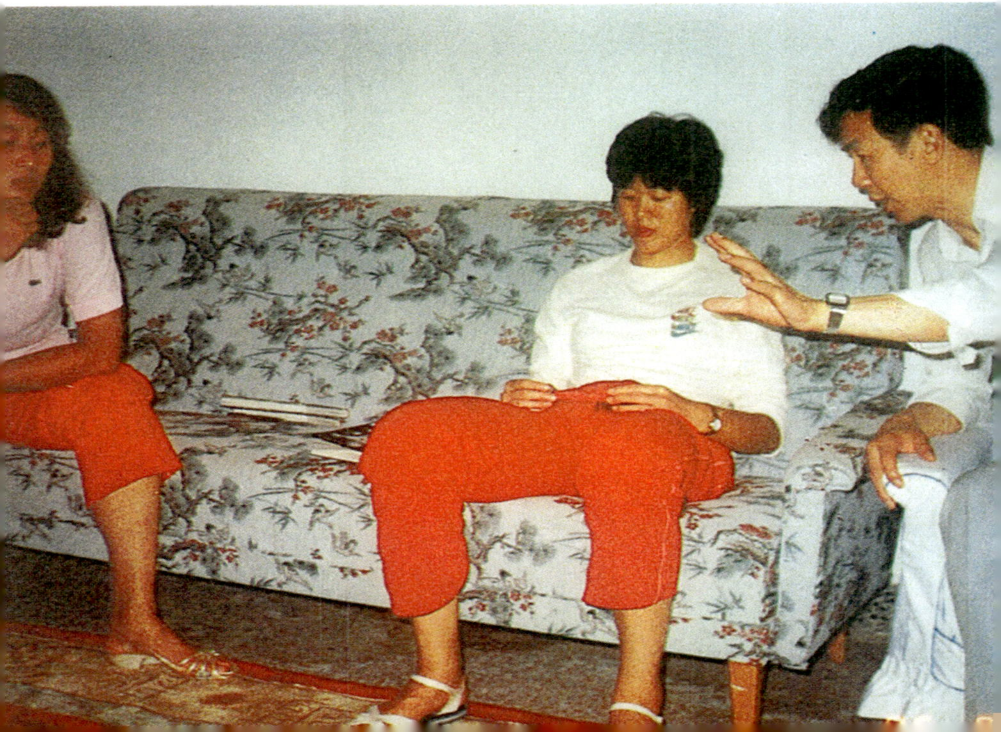

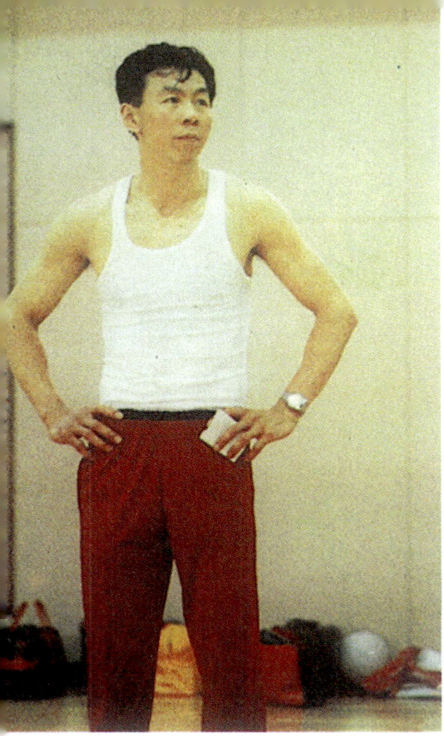

指挥需要沉着，斗智需要忘我。

开赛前的一秒，显得那么漫长！

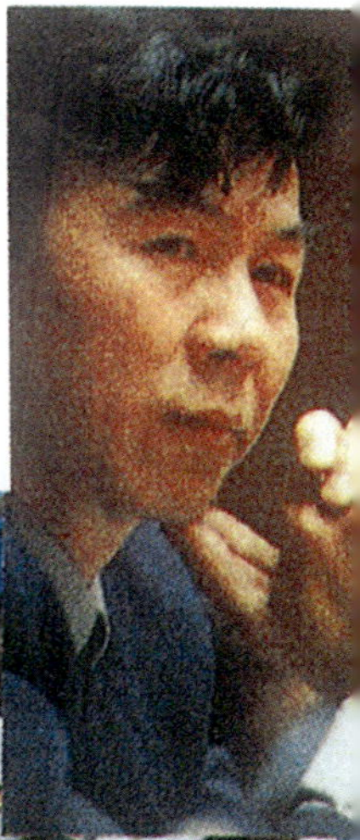

能否恰到好处地暂停，反映一个教练员的水平。

面授机宜，必须言简意明，击中要害。尤其是2：2以后。

从某种程度上来说，每一次世界大赛，也是各国教练员之间的斗智、斗勇。多年交锋，使各强队教练员之间，已十分熟悉。

美国队教练赛林格（左）与我同一年（1976年）出任国家队教练，整整八年，我们年年交手。

日本教练小岛孝治（右）资格比我老，任多届日本女排教练。

苏联女排教练帕特金（右）在当苏联男排队员时，我们就相识。

国际排联主席（左二）阿科斯塔对我说：现在，我希望有一个队能打败中国。这样世界排球运动就又推进了一步。是的！世界上没有常胜将军，拼搏无止境。

超级女排赛时，三位亚洲地
界排球冠军队的教练员，被授予
奖章。左边是我，中间是前日本
教练松平康隆，右边是日本女排
山田重雄。

1年第三届世界杯女排赛夺冠后，在我驻日使馆内合影。

1981年世界杯女排赛获最佳教练员称号。

1979年亚洲女排
示赛夺冠后合影。

1982年获第九届世界女排锦标赛冠军胜利归来。

1982年夺冠后与孙晋芳、郎平合影。

实现“三连冠”载誉归来。

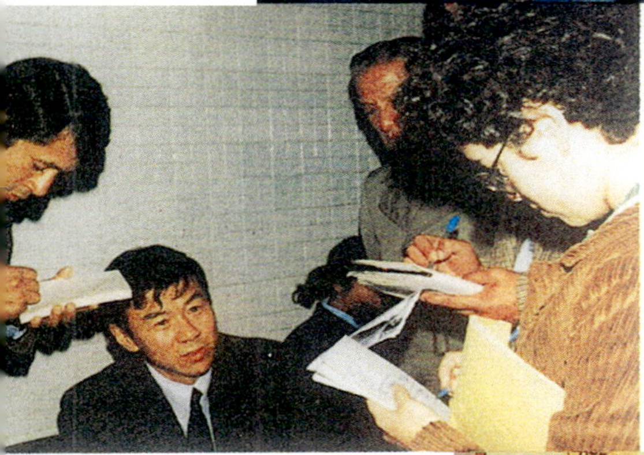

宣传中国女排，
记者们费了心血。

记者们的提问常常如“轰炸机”，似“机关枪”，躲也躲不掉，逃也逃不走。

采访完常常被邀合影、签名。

每次赛后都要参加记者招待会。

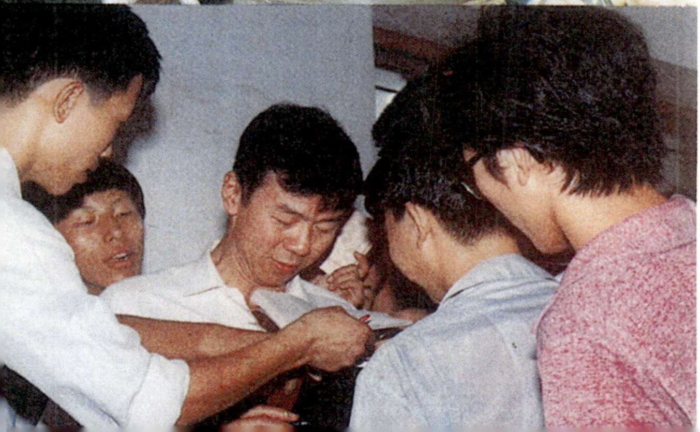

胜利属于祖国和人民。真没想到1981年世界杯赛归来，我们受到这么隆重的欢迎。

没想到我的执教体会，
日本球迷也感兴趣。

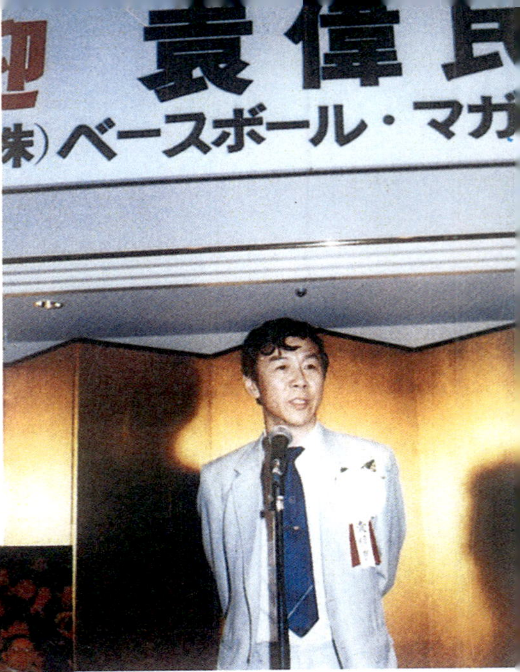

向祖国人民汇报。

离队后，姑娘们
空还时常到我们家
客。

说　　明

当我们打开袁伟民同志送来的《我的执教体会》的书稿后，立即被书中那一段段有血有肉、有情有理，深刻的、富有哲理的体会所深深吸引。

一口气读完全部书稿后，一个强烈的想法油然而生。我们觉得，袁伟民同志在书中谈的，已不是一般的执教体会，而是：对事业的追求之道，育人之道，训练之道，指挥之道。

于是，我们决定将书名改为《我的执教之道》。实际上，在这本浸透着袁伟民八年半执教经验的书籍中，他畅谈的何止是他的执教之道，也是在谈一种人生之道……

目　　录

（三）训练篇

（四）指挥篇

有人问我会不会笑

（开场白）

那还是1983年，我们第二次赢得世界冠军之后，我去上海。一次，我坐的汽车缓缓地驶过拥挤的人民广场，几个小青年隔窗发现了我，立即把车拦住了，趴在窗口上好奇地问:“袁伟民侬会笑哦？侬笑笑看。”原来，这些小青年已从报刊上的报道中认识我。那时的报道，把我描绘成“中国的大松”，“中国的魔鬼”，严厉得很哩！

没想到，这个印象一直延续到现在。前几天，我去游泳馆游泳，两个十来岁的小姑娘发现了我，向我游来，靠着池边打量我良久，其中一个小姑娘终于放大胆发问了：

“您就是那个郎平的教练袁伟民吗？”

我笑着反问她:“你看象不象？”

“我看象！”

“听说你好严厉啊，你的手好大好大，能给我们看看吗?”我伸出手去，两个小姑娘立即张开小手掌，与我比试起来。

“噢哟,真的好大啊，打下去的球一定非常非常厉害。”我被她们的稚气逗乐了。

从1976年我出任中国女排主教练，到1986年我作为团长率队参加第十届世界女排锦标赛，和中国女排这支队伍打交道已整整十年。十年中，我们共参加了三次世界杯女排赛、三次世界女排锦标赛、一次奥运会，每次大赛归来，我收到的读者来信少则上百封，多则几千封。许多读者在来信中对我的“严”很感兴趣，有的教练、有的老师、有的厂长在来信中问我：“为什么我们想严格要求有时却要求不下去?”“尤其是对青年人，一严，弄不好就会‘蹦’起来”“你在治队上有什么法宝？”……希望我在这方面再深入谈谈体会。

也有不少来信说:“你作为严师的一面，我们已从报道中悉知。希望你能介绍一些在带队训练和比赛中，鲜为人知的故事和体会。”“你是怎么科学训练的，怎么运用心理学的，怎么选才、用才，怎么指挥，怎么做思想政治工作的……”

尤其是1984年从洛杉矶奥运会归来，我结束教练员生涯，走上体委领导岗位之后，有些观众、读者来信，希望我能著书介绍在中国女排执教的体会。一些出版社的编辑也热心前来约稿。我们自己的体育出版社的编辑，更是数次登门组稿。是的，面对风云变幻的世界排坛，在中国女排执教的八年（确切一些说是八年半），是我苦苦追求的八年，是充满奇妙搏斗的八年，也是浸透着甜酸苦辣的八年。不寻常的经历，也许能悟出一些不寻常的体会。回忆、总结过去，也是一个再学习、再提高的过程。为了从过去的工作中吸取更多的养料丰富自己，为了满足广大观众、读者的要求，于是，从1987年的第一天起，我抽出时间，陆陆续续对这八年所走过的路进行了回忆、思索和整理。我仿佛开始了和那些曾经给我写过信的成千上万的观众对话，仿佛开始了补记一本应该补记的排球笔记……

（一）追　求　篇

所有的兴奋点都踩在排球上，追求需要入迷。入迷使张蓉芳、郑美珠超人。

人活着总感到有压力，并非坏事。天天看到不足，才能天天去竞争，“不安定感”伴我八年。

最难忘的时刻是最痛苦的时刻，失败有它自身的科学价值。

人生事业，有得必有失，有失必有得。金牌的取得，无不伴随着某种牺牲；在夺取金牌中所培养出的牺牲精神，价值更大。

追求需要入迷

记得那年看徐迟同志写的《哥德巴赫猜想》时，看到陈景润废寝忘食、昼夜不舍，天天躲在六平方米的小屋里运算数学，草稿纸一装就是几麻袋，走在路上还在算数学，撞到树上，还问是谁撞了他……，我觉得这个人简直有点不可思议。可现在，我又觉得能够理解陈景润了。一个人真正迷进了一项事业，那是三套马车也无法把他拉回头的。

要想在事业上真正干出点名堂来，首要的是有一颗强烈的事业心，以及在这种事业心支配下产生的超人的钻劲和出奇的迷劲。日本著名教育家木村久一在他的著作《早期教育和天才》一书中说："所谓天才人物，指的就是具有毅力的人、勤奋的人、入迷的人和忘我的人。""天才就是强烈的兴趣和顽强的入迷。"在排球方面，我们女排可以说没有什么人具有特别天赋。不过有一条，恐怕是我们共同具有的，那就是对排球的"迷劲"。

我接触排球很晚，是高三毕业，我18岁那年，可我一学会打排球便深深迷上了这项运动。1958年，身高还不到1.80米的我（现在1.80米），被选进了江苏省男排集训队。身材条件并不理想，可我练得特别起劲，一心只想打得比人家都好。在教练张然看来，我是一个绝对听话的队员，从来也没有挨过他的“剋”。其实，在家里我是一个非常淘气，很不听话、最不服管的孩子。我的爸爸妈妈是一对没有文化的老实菜农，整天忙于农活。全家六个孩子，我排行最小，是爸爸妈妈的宠儿，哥哥姐姐事事都要让我三分。所以，后来当家里人听教练说我在排球队很听话、很守纪律时，都觉得很奇怪。

其实，兴趣是最好的老师。

“入迷”能使一个“手脚不停”的孩子变得“安分守己”。

“入迷”更能使一个热衷于事业的成年人，沉缅于追求的乐趣之中。

在中国女排执教的八年半里，我更是“迷”进了教练工作。为了带好这支队伍去拿世界冠军，去保世界冠军，我成天泡在队里，琢磨着排球，琢磨着队员。每天训练，往队员面前一站，谁高兴，谁闹情绪，谁有心事，我大致能一目了然。说真的，结婚那么多年，自己的亲人什么时候高兴，什么时候不高兴，我都还没琢磨太清楚呢！

说来也怪，这八年，几乎所有的兴奋点都踩在了排球上，和队员们在一起时，就不用说了，和朋友、亲戚在一起时，也如此，谈话、聊天，一讲排球就来劲，谈别的就“走神”，常常接不上“茬”。用我爱人的话说：“你啊，你是钻到了排球的球肚子里去了。”

这八年多来，我们共去过15个国家和地区，打了250场国际比赛，胜223场、负27场，对于关键场比赛的胜负、比局、上场阵容，甚至一些关键球的来龙去脉，队员的表现，直到现在我基本上还能记得一清二楚，可是对于这些年走过的那些国家、地方的情况，记忆中却比较淡漠了。

有位青年给我写信说：“我真羡慕你们女排，每年出那么多次国，几年下来可以周游世界了。”这位青年哪里知道，我们出国是很少有机会玩的。有好些城市我们都只是透过车窗望了一眼。巴黎，多么美丽的城市，我们多次去那儿，却还没有上过埃菲尔铁塔。就说我们自己的香港吧，女排5次去那儿，直到实现三连冠以后去港时，才游览了海洋公园。也许有人会说：出国你们安排得这么紧张也没有必要嘛，总得让大家参观、见识一下吧！这道理也对，却行不通。现在回想起来也真是，每次出访，几乎都是下了飞机就训练，打完比赛，第二天就上飞机，赶路。这期间，即使东道主安排了参观、游览，大家也没心思去。人人都会情不自禁地被排球牵着鼻子跑。这也不仅仅中国队这样，日本队、美国队都如此。

看来，人，就是这样，入迷之后会非常专注，在自己迷恋的世界中，再苦、再累，也会觉得其乐无穷。

入迷，使她俩超人

最近，我看了一篇关于英国怪数学家康威的报道后，才弄明白，原来人的记忆常常会出现这样的怪现象。对于自己入迷的事，可以显示出惊人的强记忆力，而在其它事情上则可能表现出惊人的健忘。钻在数学迷宫中的英国怪数学家康威，出奇的记忆力能使他背诵圆周率直到小数点之后一千位；可他却常常找不到自己刚刚写下的纸条，刚刚拿来的东西。

“入迷”，能使人的思维高度专注，能启迪人的智慧，开掘出人的“天赋”。

注重技术的日本排球界，一些熟悉我们中国女排的行家认为，张蓉芳和郑美珠是世界上少有的具有超人排球天赋的运动员。日本女排视张蓉芳为“难以对付的怪球手”，前日本女排教练小岛孝治称郑美珠为具有郎平那样威慑力的“小郎平”。张蓉芳和郑美珠分别是两茬中国女排队员中，个子最矮、技术最全面的队员，作为熟知她们的教练员，我认为这两个运动员的最大特点是“球感好”“球性好”，这种特点不是天生的，也不是单纯靠苦练必然能培养出来的，而是在对排球“入迷”中形成的，过去，我曾对记者介绍过，这两个队员是见排球就兴奋、有球打就高兴的人。在常年累月艰苦、枯燥的排球训练中，运动员有时对球产生腻味，偷一点懒，也是会有的。可张蓉芳和郑美珠却是两个从不偷懒的姑娘。

张蓉芳13岁开始打球，有14年球坛生涯；郑美珠小学三年级就开始打排球，也已有十余年球龄；当了那么多年运动员，对排球始终爱不释手，这可是真正的“入迷”。

我了解她们这种“迷劲”，所以有时要治她们的脾气时，就“对症下药”——“惩罚”别的运动员采取加练的办法，对她俩则偏偏采取相反的办法。记得那还是1980年，有一次训练，张蓉芳因为一个调整球没传好，我批评了她，她发脾气，一脚把球踢得老远，我叫她跑过去把球捡回来，她不情不愿。别人要帮她去捡，我说：不行，让她自己捡。她仍不动。我火了，说：那好，你站到一旁去，别练了！这下可把她惹急了，她边哭边跑过去把球捡了回来，就是不肯停练。

天才在于勤奋。事业需要勤勉的人，事业更需要“入迷”的人。因为一个在事业上勤奋的人，能吃苦的人，并非一定是一个对事业入迷的人；而一个对事业入迷的人，必然是一个勤奋的人，肯于吃苦的人。从这个意义上来说，在对事业的追求中，我们不仅要培养吃苦精神，还要进而培养“入迷”的精神。

“入迷”是成功的基础。天才在于“入迷”。

“不安定感”伴我八年

从洛杉矶奥运会归来后，我收到一位青年的来信，他在信中说：“这次高考，我算是砸锅了，完全是因为过分紧张！正在极度悲痛之中，看了你们对美国女排争夺奥运会金牌之战，有所感触，决定提笔给您写一封信。每次大赛，从电视屏幕上看到的你，总是那么镇定自若。这次比赛，预赛你们1:3输给了美国队，令我惊奇的是，决赛时你还那么沉着、自信，你能否告诉我，在如此紧张、激烈争夺的关键时刻，你是怎样保持平稳心理和安定情绪的……。”

我不知道该怎么回答这个问题好。不过，有一点体会倒确实如此，那就是一旦大赛真正降临，我进入角色后，自我感觉反而比平时“平稳”、“安定”。为什么会这样呢？我觉得这赛时的“平稳”和“安定”，正是来自平时的“不平稳”和“不安定”。

在中国女排执教的八年，可以说是“不安定感”时时伴随我的八年。1981年以前，没有拿世界冠军的时候，天天想着拿世界冠军；金杯拿到手后，又天天想着怎么才能不丢杯。无论是胜了，还是输了，总好象生活在压力之中，总觉得有人赶着我，追着我，一种无形的不安定感，催促着我不停地去努力再努力。

日本著名教练大松博文说:“不安是前进之本。只要活着就有不安，希望越大，不安也越深，一个没有不安的人，只能平庸度日。”这话不无道理。

人活着总感到有压力并非坏事。当然，压力太大会把人压垮；可没压力，会轻易满足；没压力，就会轻飘飘，无所作为。这八年，正因为我们总是感到有压力，所以总把训练和生活的弦绷得紧紧的，不断地去发现问题，不停地去解决问题。我觉得带队就是找问题。只有天天看到不足，天天感到不安，才能天天去竞争。这话说起来容易，要真正做到不容易。尤其是对一个已经赢得了世界冠军的人和队来说，要做到这点，更不容易。因为问题总是赤裸裸地暴露在失败者的面前,而在胜利者的面前常常只有掌声和赞扬声。成功的喜悦会使人产生一种满足感，容易遮住你发现问题的目光，容易使你安然处之、停滞不前。

俗话说：英雄难过荣誉关。我们教练员都有这样的体会，带一支队伍，如果说在拿世界冠军之前花了100%的力气，那么拿了世界冠军之后得花120%的力气。无论是从思想上说，还是从技术上讲，拿了世界冠军以后所面临的新问题，其解决难度必然比过去更大。登攀的路只会越走越难，不会越走越容易。这也就是我们常说的夺冠军难，保冠军更难。

所以，多年来我们女排养成了善于抠问题的习惯。尤其是打了胜仗归来更要重点找问题。1981年世界大学生运动会时，预赛我们以0：3负于古巴队，决赛3:0胜古巴队；1982年世界锦标赛，我们先是0:3负于美国队，后又接连拿了六个3:0；1984年奥运会我们又先是1:3负于美国队，决赛时又3:0胜美国队。这几次大赛归来，我们的目光没有停留在3:0上，而都是重点解剖0:3和1:3。胜利后多找毛病、多抠缺点，有利于保持清醒头脑，有利于唤起继续追求的欲望。队员们也都知道我的脾气，她们说："要得到袁指导的表扬多不容易啊！你打得越好，他越要敲打你。"是的，你技术发挥得再出色，我也要挑你几根刺，还要剋上几句。因为这种时候她往往不容易发现问题，而这时，你再怎么剋她，也不会剋掉她的信心。

一个人在事业的追求中，只有不断感受到必要的不安，主动去寻找问题，解决问题，才能一步一步走向成功。

女排的尖子队员了解我，寻找问题更喜欢拿她们"开刀"。尖子队员技术出众，往往自我感觉良好，不容易看到自己的短处，尖子队员应该从思想到技术发挥更大的作用，所以更要经常敲打，使她们看到不足，激起“不安”。当年的孙晋芳，作为一队之长，又是二传手、场上灵魂，我剋她剋得最多。一度，她想不通，对我说：“我当队长，有什么好处啊，批评挨得最多。”实际上，她因此而进步很快。拿了世界冠军后，她一个人荣获三个奖杯时，我再开玩笑问她：“你说有什么好处啊?!”她笑了，发自内心地笑了。

从张蓉芳、郎平、陈招娣，到杨锡兰、杨晓君，……尖子队员都没少挨我的剋。开始，谁也不习惯。人都有面子，都爱听好话。老找她们的茬，会高兴吗?!可很快一个个都从实践中尝到了甜头。她们明白了一个简单的道理：体育比赛严酷无情，问题平时不解决，赛时向你算总帐。于是，一个个都变得习惯抠问题，喜欢抠问题了。实现三连冠之后，在总结会上，她们很有体会地说：“从某种意义上说，我们的世界冠军是抠出来的，是一次次抠问题抠出来的。”

失败是块磨刀石

听人说发明电灯和蒸汽机的爱迪生，是一个从不畏惧失败的科学家。他说：只有在我知道一切做不好的方法以后，我才知道做好一件工作的方法是什么。

他认为，失败和成功对他一样有价值。

在事业的追求中，不可能有一步登天、一举成功的幸运儿。可以说，没有一个世界冠军没有经历过失败；也可以说，没有一个世界冠军不是从失败中走过来的。不会正确对待失败的运动员和教练员，决不可能登上事业的顶峰。

女排实现三连冠以后，一位记者请我谈谈执教生涯中最难忘的时刻。我告诉他：我最难忘的时刻，恐怕不是你想知道的最激动、最幸福的时刻，而是我最痛苦、最难熬的时刻。那就是1982年，在秘鲁女排世界锦标赛预赛上，我们0:3输给美国队之后的六天六夜。用我们队员后来开玩笑的话说：这六天六夜，简直不是人过的日子。

当时的情况是我们已拿了世界杯冠军，全国人民希望能再拿世界锦标赛冠军。可是预赛刚刚打响，我们就以0:3惨败给美国队。这个结果是赛前我们怎么也没想到的。因为在这之前，美国队还没在世界大赛上赢过我们。事情坏就坏在事先一点也没想到上。教练员最怕出现完全意外的情况，因为要做这样的转化工作是很困难的。更何况，这个0:3，顿时把我们打入了极其艰难、被动的困境。我们将带着这个0:3的负分进入下面的比赛，它意味着在复赛中，我们不仅必须全胜，还要不失一局，否则命运就有可能掌握在人家手里，就有可能即使一场不输也进不了前四名。在这样严峻的形势下打球，运动员承受的压力是可想而知的。当时的世界女子排坛，又是多强抗争的格局，中国队和苏联、古巴队实力不相上下，我们要保证场场3:0获胜，实在是相当困难。

那天，0:3输给美国队后，有的队员当场就掉起眼泪来。对这个突如其来的结果我也没思想准备，但当时有一点很明确，不管怎么样，球已经输了，人不能再输，就是说中国人的精神风貌不能丢。世界冠军要赢得起，也要输得起。我立即招呼，让大家围拢过来，要求队员把头抬起来，依然象平时那样，礼貌地向观众鞠躬示意，笑着走出体育馆。话，说是这么说，可要知道，在当时这种情况下，强行控制住自己的情感多不容易，这滋味实在是很不好受啊。

就在比赛场地，随同我们去秘鲁采访的中国记者迎上前来，看得出，他们也都感到很难过、很突然。我向他们表示歉意："对不起，这场球我们没有打好。"新华社摄影记者官天一，握着我的手，想安慰我几句，可话还没出口，自己眼泪就簌簌地往下掉……

我知道，这时，多少双眼睛望着我，我的情绪直接影响着队员打下面比赛的信心，我的表现也可能成为对方分析中国队状况的参考资料。我的一言一行，甚至一个表情，都有可能产生反响。

重要的是，教练员自己首先骨头要硬，要顶住！决不能一输球自己就觉得矮三分，中国队还是中国队，眼前的失利，并不意味着已完全失去夺冠的可能，只要还有一线希望，就要坚定不移地去作最好的争取！

如何帮助队员尽快抹去失败的阴影，坚定夺取胜利的信心？如何既把严酷的形势给大家分析透，又使她们在下面的比赛中，不背包袱、不紧张？如何在技、战术上拿出最佳方案，保证场场打3:0？……一系列棘手的问题刻不容缓地要我们去解决。比赛一场紧接着一场，可以做思想工作的时间又是那样短暂、紧迫……。

最最难熬的是，内心的苦涩、焦虑和不安，丝毫也不能溢于言表。每天，进进出出，仍要笑嘻嘻、礼貌地与对手打招呼；还要显得很乐观、很自信，用自己的情绪去感染队员。我生平第一次尝到了当“演员”的滋味，当这样的“演员”又是多难啊，可我必须这么做，我也确实这么做了。

从复赛、半决赛到决赛，六场比赛场场是硬仗，每一场都如履薄冰，一脚踩不好，就有可能掉进冰窟窿。训练、比赛我们平时很少失眠，可这六夜好几个主力队员和教练都失眠了。睡不着，睡不着我也不吃安眠药，干脆思考问题。一个一个队员解剖，一场一场比赛准备。晚上将方方面面的问题都想细了，白天尽力一一去解决。在全体队员和教练、领队的共同努力下，我们终于不靠天、不靠地、不靠对手，靠自己摆脱困难，从逆境中走出来了，接连夺得6个3:0,又一次扣开了世界冠军的大门！

这胜利，是战胜了失败以后赢得的；这胜利，从某种意义上来说，有它特殊的价值。因此，直到现在回忆起来，我们总是倍感珍惜。

厄运是可以转化的

失败有它自身的科学价值。经历了秘鲁那六天六夜的大考验之后，使我们懂得了许多在胜利中不可能懂得的道理。

当然，体育比赛要争赢取胜。可是体育比赛又总是以一方胜利、另一方失败而告终的。比赛结果总是"一家欢乐，一家愁"。乐，不能乐昏了头；愁，不能愁没了志。世上不可能有常胜将军。一旦失败降临，只要我们不为失败所吓倒，主动地向失败挑战，失败是可以变为财富的，失败总可以向成功转化。

现在回想起来，如果秘鲁世界锦标赛当时没有0:3输给美国队的强刺激，也许后来我还不会那么果断地采取决策，起用新兵梁艳和郑美珠；如果一开始我们就打得顺风顺水，也许还不会有后面六个不失一局的

3:0。

为什么人在逆境中往往会加倍的奋发呢？道理也就在这儿。因为挫折会刺激你，会迫使你调动起自己的全部力量，尽快改变现状。所以，伟大的哲学家培根曾说:“奇迹，总是在对厄运的征服中出现的。”我觉得这句名言是很有道理的。从这个意义上来说，厄运和幸运又常常是一对“孪生的弟兄”。

1983年11月在日本福冈举行的亚洲女子排球锦标赛，是我们前进途中遇到的又一次失败。两次夺得世界冠军的中国队0:3惨败给日本队，丢失了亚洲桂冠。这次失利所产生的影响，比在秘鲁输给美国队还要大。问题不仅仅在于世界冠军没能夺得亚洲冠军，而是九个月以后，我们将进军洛杉矶参加奥运会，这个0:3，使我们实现三连冠的路，蒙上了一层乌云 。

然而，也恰恰正是这次惨败之后，由于我们比较好地做了转化工作，反而帮助大家甩掉了世界冠军的沉重包袱，激发了卧薪尝胆的决心。过去，我们也一再要求大家摆正位置，别背世界冠军的包袱，可总不能完全做到。这次失利之后，通过做工作，深化了大家对现实的认识，使大家冷静地看到，我们已经一无所有，把亚洲冠军的杯子也丢了，我们没有什么包袱好背了，我们必须从零开始!

这一年的冬天，我们从联邦德国出访归来，离除夕只有四天了。一个多月的拉练式出访比赛，很是辛苦。领导一再劝我们回来后在北京就地调整一下，过了年再出去冬训。可在联邦德国时，我们就和北京联系，请家里给我们订好抵北京两天后去湖南郴州的火车票。就在大家喜气洋洋欢度新春佳节时，我们马不停蹄地赶到了郴州山城。在那儿度过了一个我们建队以来最艰苦的冬天，却也是一个充满希望的冬天。用张蓉芳的话说："这是我一生中从思想到身体吃苦吃得最多的一个冬天，是我一辈子都会记住的冬天。"几个月之后，当我们登上洛杉矶奥运会领奖台时，有些队员很自然地马上连想到郴州冬训所吃的苦。大家无不深深感谢这个令人难忘的冬天。

说来也巧，这块洛杉矶奥运会的金牌我们也是经历了失败的考验之后赢得的。不过，这次比赛预赛受挫后，我们显得比过去沉着多了。我相信只要我们自己把握住自己，做好转化工作，危机是可以扭转的。那天1:3输给美国队后，有些记者以为我们是故意输的。在记者招待会上，我坦率地告诉大家："这场比赛我们是真输，不是假输。但这次失败，并不意味着我们夺魁就无望了。仅仅是选择不同的对手而已。"

本来，这个记者招待会我们的陪同（翻译）劝我别去参加了。这位在美国留学的台湾小姐，自愿报名要求担任中国奥运代表团的陪同，她很向着我们。我们输给美国队后，她很难过，轻声对我说：

“袁先生，大会规定，失败队的教练如果不愿意参加记者招待会，可以不参加。我去跟他们说一声，我们不去了吧。”

我笑着告诉她：“这个招待会我们一定要去，而且要准时去。”

会上，我一一回答了记者们提出的所有问题；会后，还留下来，专门回答了中国记者进而提出的问题。

队员们也没因此而紧张、慌乱。这场球，郎平打得很不理想。当时，她虽然很难过，感到压力很大，可还是控制住了自己。从赛场返回奥运村后，她没有直接回自己的房间，而是先走到其他队员房间，安慰大家说：“这球是我没打好，只要我们下面打好了，仍能夺魁！”看得出，她比过去老练多了。

经过短短一天的转化工作，半决赛对日本队时，已完全扭转过来，全队水平发挥很正常，从而在决赛时，以3:0直落三局，重新战胜了美国队，夺得奥运会桂冠。

人的差异产生在业余时间

一个人要想干成一番事业，仅靠八小时以内工作时间，那是不行的。要在世界体坛上夺取桂冠更是这样。比赛场上，都是“真刀实枪”的较量，全凭真本事。好成绩、高水平，必须来自日积月累的苦练。

我们女排有一句大家都喜欢的格言，那就是“只有付出超人的代价，才能取得超人的成绩。”

现在，世界上女排强队，大多练得很苦，都坚持大运动量。前日本女排教练小岛孝治说，他每年只有年初一休息，这一天也是把全体队员请到他家去，欢聚一下,既可以给这个他终年顾不上的家庭带去欢乐，让妻子、孩子高兴高兴；也可以向辛苦了一年的队员们表示慰问。美国女排教练塞林格也是终年与队员们泡在一起，美国女排的训练时间不亚于中国队。我在中国女排执教的八年半中，我们只有一个春节是在北京度过的；这期间的每一次集训，基本上每一个星期日都用半天的时间加班训练。仅将这些加班的时间合起来，是一个非常可贵的数字。

也许有人会说：难道干事业必须过“苦行僧”生活？难道就不能既有事业又有生活？难道……

是的，从广义上讲，事业和生活应该兼而有之。可是,从狭义上讲，当你为了实现一个具体的目标时，必须不惜一切，投入全力。否则，就无法超人，就不可能登上顶峰。每一块金牌的获得，何尝不是伴随着某种牺牲。创造宏伟的事业，需要牺牲。

那么，是否我们和日本女排、美国女排一样，她们练多少时间我们也练多少时间，我们就能和她们竞争，就能超过她们了吗？否。

科学家爱因斯坦说："人的差异产生在业余时间。"一个人能否成为事业上有作为的人，关键之一在于你是怎样利用业余时间的。八小时以内好好干，大多数人都能做到。然而下班之后，人们在业余时间的使用上不尽相同，久而久之，就会产生差距。

一个教练员，如果当他的队员停止了训练和比赛之后，他这部"机器"也便停止了运转。那么，他是无法和别人竞争的。只有把别人不用或少用的时间也捡起来，依然苦苦地思索、追求，才有可能超人。

生物学家巴甫洛夫说："科学需要人的全部生命。"我们可以想一想，有哪一位科学家的创造发明，不是惨淡经营、倾注了全部心血后赢得的。居里夫人为了提炼出化学元素镭，十余年，每天除了吃饭、睡觉外，几乎都是在实验室度过的。当然，体育运动不能和创造发明相比。可是，要拿世界冠军，从某种程度上来说，不也是体育方面的一种创造吗？不同样也需要付出很大的代价才可能赢得的吗?!

有人说：人的精力有限。有劳无逸行吗？是的，必要的休息不能没有。我们女排每次大赛归来之后，也都要进行适当的调整，消除疲劳。不过，我们应该看到，人的可塑性是很大的。在精力消耗上，你越吝啬，它越有限；你越慷慨，它越富有。据说，科学家作过测试，就是一个在事业上很有成就，作出重大创造发明的人，他死去的时候，大脑的消耗也只达到三分之一。连爱因斯坦的大脑也只开发了百分之十七。所以，在对事业的追求中，我们大可不必担心“精力有限”。毫无疑问，凡想在事业上有所作为，必须把自己的全部精力和业余时间都奉献出来，否则，不可能到达光辉的顶点。

这些年来，在事业的追求中，我们女排在得到的同时，确实也失去了一些东西。整整八年半，我基本上没有享受过什么天伦之乐，对小家庭几乎没尽什么义务。孩子病了，我没有时间去照料他；孩子学习遇到困难，我没有工夫去辅导他；更没有时间去照顾妻子。这么做，似乎有些不近人情。可是为了拿世界冠军，这一切我们都认了，觉得值得，一辈子也不后悔。

金牌可贵，在夺取金牌中培养的牺牲精神更可贵。我想，在我们今后的人生道路上，是会受益无穷的。

（二）思　想　篇

不管你愿意不愿意，思想工作必须抓，否则，就驾驭不住这支队伍，就无法实现既定的目标。

感情是基础，理解是桥梁，尽可能要求，尽可能尊重，创造一个平等相处的气氛。

“剋”得多，不等于优点少；表扬少，不等于缺点多。当面指不足，背后说长处。

我中有你，你中有我；凝聚力使6>6。

抓思想与抓训练同步

我们的运动员、教练员常说：金杯是用心血和汗水铸造出来的。在中国女排执教的日子里，我觉得自己在做队员思想工作上所花费的心血，并不亚于带训练所下的功夫。

一个教练员，要和各式各样的队员打交道。凡是人都有思想活动。不管你这个教练愿意不愿意做思想工作，在训练和比赛中，运动员总是会将各种思想问题暴露在你的面前，如果你不能很好地帮助他们去解决这些问题，那么，就驾驭不住这支队伍，就不能率领他们去实现既定的目标。

片面夸大思想工作的作用，变成“精神万能”，是错误的；过分强调物质刺激，把思想工作看成可有可无，也是错误的。听说有的教练员曾搞这样的奖励办法：扣一个好球给多少钱，发一个好球又给多少钱……这是十分可笑的。

我们女排第一次拿世界冠军时，赛前可根本不知道会有奖金；后来参加大赛，知道有奖金了，主要也不是靠物质刺激。如果仅仅为了钱，有的队员恐怕也不愿意到国家队来受这份“罪”了。可以说，我们女排五次夺取世界冠军，思想工作都起了保证作用。

我在女排执教的八年半中，从我手中进出的国家队员达47个人次。如今这些队员虽然都已离开了我，但只要我闭目一想，每一个姑娘的性格特征，都会活龙活现地出现在我的眼前。因为，从她们进队开始，我们教练就在琢磨怎么才能尽快提高她们技术的同时，仔细琢磨着每一个队员的个性，思考着怎么才能把握住她们的思想。

早在我自己当运动员时就有这样的体会，思想理顺了，训练就有劲，心情不舒畅，本来已经够艰苦的训练会变得更苦更累。所以，我当教练后，每次训练总是特别注意观察队员的情绪。运动员往往不知不觉地会把思想问题带到训练场上来，只要教练细心观察，做有心人，总能发现问题。

譬如，每次队伍调整后都会遇到怎么处理新老关系问题。尽管在会上、会下，我们口头上一再强调老队员要从思想到技术扶持、帮助新队员，可围绕这方面的问题总时而会在训练中暴露出来。记得一次训练，郎平与当时的新二传杨锡兰练战术配合。不是杨子二传传高了，郎平跑快了；就是杨子传低了，郎平跑慢了；总协调不起来。眼看快到12点，该下训练课了，指标还没有完成。郎平不耐烦了，扣完球去捡球时，使劲用脚把球往墙上踢，反弹回来后再捡。杨子见郎平这副样子，更胆小了，怎么传也传不好。怎么办？是让她们继续这么练下去，还是抓住这个思想苗子，及时解决问题。我吹哨，让大家停止训练，围拢过来。我说：郎平、孙晋芳、张蓉芳，你们好好想一想，当年老队员是怎么“五夹一”带你们的。现在，你们自己又应该怎么带新队员……话说得不多，但分量不轻。聪明的郎平马上清醒过来，很快扭转了情绪。杨子见我批评了郎平，支持了她，也不再那么紧张了。越传越放开，配合很快就协调起来。

不要认为做思想工作是领队的事。做运动员的思想工作主教练应该最有条件。实践已经证明，最有成效的思想工作是渗透在业务中的思想工作。主教练必须学会在训练中发现思想问题，在训练中解决思想问题，做到抓思想工作与抓训练同步，只有这样，才能保证训练按照既定要求顺利进行。从而既练了思想，又练了技术、战术。

十次弱刺激不如一次强刺激

现在的年轻人最忌讳听空对空的说教，而结合实际地跟他们讲道理，常常一点就通。著名教育家卢梭在研究教育问题时指出:“千万不要干巴巴地同年轻人讲什么理论，如果你想使他懂得你所说的道理，你就要用一种东西去标示它。应当使思想的语言通过教育者的心，才能为他所了解。”

年轻人常常会有一种逆反心理,只要是讲大道理,讲得再好他也不要听。为国争光，老挂在嘴边，他们嫌烦，认为这道理谁不知道，进国家队就是为国争光来的，不讲我也懂。所以，我们女排尽量不开空对空的务虚会，即使进行革命理想教育也是紧密结合具体任务，把理想教育渗透到训练和比赛中去。

建队之初，我们提出要尽快赶超日本队；后来又提出冲出亚洲，走向世界；再后来又提出夺取世界冠军，保住世界冠军，实现三连冠……这些要求，都不是停留在口号上，而是通过思想工作贯穿到训练课和比赛中去。

1976年时，中国队和日本国家队之间实力对比，恐怕还处于0:3的阶段。这年我们邀请日本女排来华，他们认为只需派日本国家二队就能对付中国队。要尽快赶超日本队，需要从教练到队员每一个人都有一种大打排球翻身仗的紧迫感。这种紧迫感怎么培养？光靠嘴上说，口头鼓励，是不行的，要在训练的实践中培养。一建队，我们就狠抓了训练作风，从每个人、每堂课、每个球做起。要求大家在每天的训练中就要有紧迫感。一进场地就要精神饱满，不能站没站相，练没练相，疲疲塌塌。捡球，一律要求跑步捡。训练中，钉是钉，卯是卯，不符合质量过不了关，完不成指标下不了课！

当然，这么要求并不是人人都能做到的，那就靠在训练的实践中一边做思想工作，一边采取措施。譬如，捡球这件小事吧，有的队员就是不愿意捡，或者不愿意跑步捡，慢慢吞吞地捡。那好，我们一方面跟你讲道理，一方面就作了些强制性的规定，有时，密度很大的训练，就有意只用十几个球进行练习，而且要求供球不能中断。这个办法好，好在能促使队员加快速度去捡球，场上没有一个闲人，思想集中，情绪活跃，秩序井然，训练节奏紧凑，更为重要的是培养了互相关心，人人为集体的好思想。

体育比赛的最大特点是竞争激烈。因此，思想问题来得也快，如果当场不及时解决，事过境迁，再补处理，效果就大不一样了。我们女排常说：解决问题不过夜，正是从这一点考虑的。

1980年中、日、美邀请赛，我们在上海和日本队打最后一场比赛，虽然3:0胜了，但三局都是日本队领先，第一局12:9，第二局13:9，第三局14:9，每一局她们都差一点就拿下来了，三局我们都是关键时赶上去才胜的。显然因为比赛已打到最后一场，前面我们又都胜了，根据那时的实力赢日本问题已不大，所以队员思想上有所放松。

在赛后举行的记者招待会上，记者们问我：在今天的比赛中，三局球中国女排为什么都一路落后？我没有直接回答这个问题，只说：等一会儿你们看训练吧！

那时，中国正处于“排球热”的时候，中国女排技术上也正处于成熟期，观众非常喜欢女排。赛后，数百名观众把上海体育馆运动员出口处的大门围得水泄不通。天下着蒙蒙细雨，观众就是不肯散，等着见女排一面。左等右等却不见她们的影子。有的观众发牢骚了："中国女排架子那么大，连看都不让人看，就溜了！"

殊不知，这时我正让她们在比赛馆里补课呢。本来队员们希望晚上的比赛能快点结束，回旅馆后还能会会亲朋好友，第二天上午唯一的半天假可以上街买点东西，下午就要回北京了。没想到，这晚的课一直补到午夜12点。我对她们说："今天的比赛，每局关键球打得是好的，你们反败为胜了，经受了一次锻炼，这要肯定。但是一开始为什么放松，为什么要眼看输了才使劲，养成了习惯以后，总有一天会摔在这上面。今天留你们补课，是为了给你们一个强刺激，目的是让你们永远记住。再遇到这情况，就知道不能再这样了。"

十个一般刺激,比不过一个强刺激。十句空头说教,比不过一次联系实际的批评。类似这样的思想问题,如果放到事后去解决,其效果肯定远不如在现场既讲道理又采取措施好。直到现在,几个老队员还记得这次赢了球以后还进行的深夜补课。

耐心疏导,水到渠成

人们常常把条件成熟、自然办成的事,比喻为"瓜熟蒂落""水到渠成"。

做思想工作也有个"瓜熟蒂落""水到渠成"的问题。人家一时想不通,你不能强行硬来,非要人家想通不可。应该允许保留看法,然后想方设法,耐心疏导,直到他自己想通为止。

1982年世界锦标赛后,我们队伍"大换血",1983年底输给了日本队。1984年还能否夺取奥运会冠军?起初,张蓉芳和郎平怎么也树立不起信心。郴州冬训开始,我找郎平谈心,问她有什么打算。她谈这、谈那,就是避而不谈奥运会的问题。我就直言不讳地问她,对奥运会有什么想法?她就象答记者问一样,模棱两可地回答,什么希望不小,困难不少,努力争取吧等等。还一个劲儿声称:我是有信心的,但队不行,新队员自身的问题,又不是我们能替代解决的……

我让她把心里的想法统统“倒”出来，然后根据她的观点进行分析。我说：你以前最大的优点是不断地追求，从北京队到国家队，从第一次拿世界冠军到第二次拿世界冠军。现在，无非是什么都有了，金牌有了，十佳运动员的称号有了……你也不是完全不想再拿，而是觉得困难实在太大，下很大功夫，吃很大苦，也许仍拿不到。再拿一个第二名，人家也不会骂，不是说没有常胜将军嘛！……

这些分析，其实都点到了她的思想，可是她不服。她用我过去说过的话，驳我现在的观点。

她说：“你不是说夺取世界冠军要有物质基础吗？队伍调整，实力下降，物质基础不具备了，还要夺取世界冠军，这不是违背科学吗？……”我耐心地听着，又一层一层帮她分析。

我说：“要拿冠军，我们基本条件不是不具备，而且物质基础是可以创造的，现在离奥运会还有九个月，你还没有进一步创造，怎么就知道奥运会夺魁不可能了呢?!人的潜力是很大的。要想干成一件事，下一般决心和下死决心其效果大不一样。为什么有的人平时力气很小，一旦着火了，看到屋里的财产和生命受到威胁，他冲进去，可以抢救出平时怎么也搬不动的东西呢?!其中就有这个道理。如果我们截断自己的退路，下死决心要夺取奥运会冠军，那么就有可能挖掘出在一般情况下挖掘不出的潜力，就有可能把9个月变成18个月，收到事半功倍的效果。从思想与行为的关系来看，人的思想是行为的先导，思想决定着人们行为的方向和程度。倘若我们思想上对奥运会夺魁就没有信心，只是走着瞧，试试看，能拿不能拿，到时再说，那么怎么还谈得上在行为上发挥最大的能动性呢?!……”

郎平听着听着，掉起眼泪来。她一方面觉得教练讲得有道理，另一方面又觉得眼前的路，实在太难走了……

这次谈话，对郎平是有触动的。这些道理，后来又经过举一反三的灌输，她终于接受了。

那天，我还找张蓉芳深谈了一次。没想到她哭得比郎平还厉害。作为一队之长，她的地位，决定了她的想法，决定了她的难处。奥运会对她来说，又是最后一次参加世界大赛，她希望在自己引退时有个好结果。可是，看到队伍更新后水平下降，自己胰腺炎手术后身体情况又不佳，她感到棘手，感到前景渺茫……

她认为不是自己不努力，她很想最后争一争；她觉得自己已经忍受了体力上、精神上很大的痛苦；她感到委屈，哭得那么伤心，甚至抽起筋来，急得我和杨希忙给她掐“人中”穴进行“抢救”。

我对她说：现在你是队里举足轻重的人物，连郎平也看着你呢！我跟她一起回忆，过去我们这个队是怎么从艰难中走出来的，激发她信任这个集体，真正把队长这副担子挑起来，带领大家，下死决心去夺奥运会这块金牌。

我知道，如果张蓉芳、郎平对奥运会夺魁没有信心，那么，这块金牌也就很难拿下来。所以，冬训前期，我们一直给她们俩反反复复地解决一个信心问题。一次次谈，一点点抠，总算把她们的思想“转”过来了。后来，她俩不但自己想通了，还去做别人的工作。一个冬训下来，全队的信心问题也基本上得到了解决。

无情未必真豪杰

有个排球教练曾问我：“为什么我们有的教练一严格要求队员，队员就常和教练吵起来，有一次吵到最后双方把老底都翻出来，很不愉快。你有什么诀窍？”我认为严格要求不等于板起面孔训斥人；严需要感情基础，有效的严，是在情的基础上论理。

心理学中提出：情感与认识有着密切的联系。鲁迅先生说过：“无情未必真豪杰。”我们带队，做运动员的思想工作，面对的都是活生生的人，人是需要感情的，尤其是女孩子，她们更重“情”，更容易接受由情入理的思想工作。

我们女排姑娘的集训生活非常艰苦。每天，她们除了要在体力上付出很大消耗外，在训练和比赛中会遇到各种各样矛盾，这些矛盾一旦解决不好，她们会感到很痛苦，偶尔发发脾气，动点肝火也是会有的。遇到这种情况，教练员不要只想到队员这么做，就是不尊重自己，有损教练的威严，于是不分青红皂白，简单地采取压服的办法。这样，不仅解决不了问题，弄不好当然就会“崩”起来。

一般来说，在一个平时就坚持严格要求的教练员面前，队员是不敢轻易发脾气、耍态度的，出现意外情况，那必然是有原因的，这时，教练员就要平心静气、仔细分析，做到你急我不急，你火我不火，由情入理的做思想工作。

1980年郴州冬训时发生的那次不寻常的补课，给我留下很深印象。那天下午，训练结束了，我让周鹿敏、汪亚君、朱玲等三个队员留下来补课，一个人接发球，一个人二传，一个人扣球。扣3个战术球算一组，共补5组，而且必须扣出3个干净利索的好球才算一组，否则就不算，如果一组中失误两个，不仅不算，还要倒罚一组。我隔网发球，并评判着每一个球，其他队员都留下来边帮助捡球，边为她们加油。

课补了一个来小时，指标还没有完成。我想出了一个办法，问站在一旁的其他队员，有谁愿意帮助她们完成指标。当时还是年轻队员的郎平，首先表示愿意加入进来，她原以为自己助一臂之力后，指标很快就能完成。谁知我在评判她扣的球时，尺度把得很严。课又补了近一个小时，不但指标仍然没有完成，反而因为急于求成，失误过多，而倒罚了几组。好心没帮好忙，郎平急得直向我瞪眼，嘴里不停地嘀咕"这还不算好球?!这还不算好球?!"

她们急了，我不急，还是不紧不慢、笑嘻嘻地评判着她们扣出的每一个球，丝毫也不放松要求，尤其是对郎平。郎平气得火冒三丈。忽然，她举手说："教练，暂停！我们要研究研究。"我说：可以啊，你们研究研究再练。

暂停以后，稍见好转，但由于情绪不稳定，始终处于好好坏坏的情况，仍不见效。郎平又举手气鼓鼓地说：让我们休息一下。我又笑嘻嘻地回答：可以。这时，只见郎平走到墙跟前，脸对着墙，煞似整理衣裤，其实是在抹眼泪。汪亚君、周鹿敏也急哭了。休息以后再练时，这下郎平可急红了眼！叮咚！叮咚！不管三七二十一，使劲地扣。看得出，她是把全部情绪都发泄到了球上。这时，我也不火。心想：在这种情况下，只要她不说不练了，还肯练下去，就是好的。又经过一次反复后，几个人真红了眼，完全联合起来与我“斗”了，终于补出了一堂高质量的训练课。

就这样，这堂训练课从下午5点半一直补到了晚上9点才结束。

事后，和郎平等交谈，她说：“当时我真恨你！心想，从来也没见过象你这样的教练，我主动帮助她们练，你还把我卷进去，一起挨整，太说不过去了吧！”我告诉她，我这么折腾你们，是为了练你们的情绪，练出你们真正的协作精神。比赛不正是对方不断地给你们制造矛盾，制造你们的不稳定情绪吗？希望你能理解我的用心，细细琢磨其中的道理。她笑笑点点头说：事后我就想通了。

试想，如果当时队员们要态度，教练也跟着发脾气，只有严厉批评，没有合情合理的说服和措施，那么，她们必然接受不了，而且容易把事情闹僵。晓之以理，动之以情地做思想工作，往往能收到事半功倍的效果。

尽可能要求，尽可能尊重

爱是教育的前提。我们的教练员要真正从内心爱自己的队员。严格要求，不等于教练员可以不尊重队员，爱发火就发火，爱怎么摆布就怎么摆布。苏联教育家马卡连柯曾经说过：“如果有人问我：你怎样以简单的公式概括自己的教育经验的本质时，我就回答说：要尽可能地要求一个人，也要尽可能地尊重一个人。”

既要严格要求队员，又要注意不伤害他们的自尊心，这个分寸不容易掌握好，但是又必须掌握好。

陈招娣是个性格外露的姑娘。她有许多优点，也有明显的缺点。她聪颖、能吃苦、肯拼搏，但任性、容易急躁。为了帮助她尽快摒弃这个缺点，在训练中我常常故意挑她的刺，制造点矛盾激她“跳”，使她在解决矛盾中磨砺自己。一次训练之后，有几个队员被留下来补练防守。她主动要求陪练。练着练着，她看教练动真格儿了，似乎有点转移目标，冲着自己来了。她发火了，说：陪练还这样？我不陪了！我说：陪练也是练。你愿意帮忙就帮忙，不愿意帮忙就不帮忙，那可不行。她只好再练。练着练着，她越想越气，干脆不接球了，自说自话离开球场，朝练习馆门口走去。

当场“罢”练，没有得到教练的同意就走，这可是中国女排从来没发生过的事，尽管是在陪别人练，那也是不允许的。我当时真有点生气了，但马上又克制住了。没有发怒，而是朝着离去的陈招娣，缓缓地说：好，招娣，你走得了今天，走不了明天。已经走到门口的招娣，停住了脚步，她转过身来，两手叉腰，瞪着一双眼睛，气鼓鼓地望着我。我瞧了她一眼，没再说什么。不一会儿，只见她往回走了，快走到场地时，一见到我，扭头又走了，可没走到门口又回头了，这么来回转了两次。我假装没看见，其实继续在用余光观察她。当她最后终于重新走回场地时，我只当什么事情也没有发生过，重新又将球扣给她，让她继续练防守。这次她练得真不错。不一会儿，我便说："行了，现在练得不错，可以不练了。"谁知，她火里火气地冲我说："我不要你恩赐！"既然她不肯停练，我就又给她练了一会儿，见她情绪逐渐正常了，才收场。

如果当她走回来准备再练时，教练员认为自己终于胜利了，趁机报复，说几句讽刺挖苦话，什么"你到底还是回来啦，我看你就不敢走啊……"等等，那么就会挫伤运动员的自尊心，就会把事情搞糟。如果后来她火气很大，回答我"不要你恩赐"时，我计较她的态度，和她吵起来的话，那么，前面所做的工作也就前功尽弃了。

教练员要叫队员尊重自己，首先要学会尊重队员；教练员要队员给自己面子，自己首先要给队员面子。在这个基础上，严格要求才可能得到落实。严厉的态度，生硬的面孔，苛刻的语言，并不代表严格。

理解是沟通的桥梁

人和人之间的相互尊重，是需要有感情基础的。而理解则是沟通感情的桥梁。

一堂训练课平平坦坦地练，和解决矛盾地练，其效果大不一样。排球比赛充满着制约反制约，限制反限制的矛盾斗争。排球教练就要从这个实战的需要出发来安排训练，让队员经常在解决矛盾中练。

在训练中，我常常根据实战的需要，寻觅着既练技术又练思想的手段。看到队员练得很好时，就再加点难度、出些难题；看到她们练得快支撑不住的时候，就稍稍放宽一些，鼓励一下。一会儿“气”她们，一会儿“逗”她们。她们感到舒服时，让她们不舒服；她们感到不舒服时，又让她们舒服一下。经常让她们从不稳定到稳定，又从稳定到不稳定。从技术上、思想上、心理上磨她们。

这么练，运动员容易思想集中、保持兴奋；这么练，收效大。可是，这么练，难度大，需要教练员完全把握住运动员的思想；需要教与学之间能相互理解。

训练中，制造矛盾容易，解决矛盾不容易。如果教练员和运动员之间没有感情基础，不能相互理解，有些矛盾就很难解决。每当运动员被我们“惹”得恼火时，用她们的话说："真恨不得走上前去打教练几拳。"这时候，教练员和运动员之间就要在理解中求一致。

记得一次训练，我又难为陈招娣了。课后，大家都走了，她不走，拿起我脱在板凳上的一件羊毛背心，往自己身上一套，然后就在地上"滚翻救球"，练起防守来了。我知道，这个调皮的丫头，既是开玩笑，又是在发泄。我理解她。瞧着她这副淘气样，我忍不住哈哈大笑起来。陈招娣见我不心疼自己的毛衣，还乐成这副样子，也许从中感受到了一种教练对她的理解，她也笑了，和我一起开怀大笑，那一肚子的"火"与"恨"也便在这笑声中驱散了……

在训练场上，我要求队员绝对服从我，甚至说一不二。那是为了创造良好的训练秩序，顺利贯彻教练意图，保证训练质量。在训练场外，教练和队员就应该平等相处。姑娘们在场下常常没大没小地和教练开玩笑，有时还怪模怪样、怪声怪气地学我们教练的习惯动作和讲话的腔调。一度进过国家队的浙江女排二传手朱晓茹，因病回省休息时，在给我的来信中，甚至还称呼我是"老兔子"，自己署名"小兔子"。她比我刚好小24岁。有时姑娘们玩笑开过了头，我们也不计较。队员们够辛苦的，我们又常常"难为"她们，让她们乐一乐，也可以嘛！

在和队员聊天、对话时，我允许她们坚持己见，甚至发发牢骚。在1983年亚洲锦标赛上，调整后的中国女排0：3惨败给日本队。回国后，接孙晋芳班的新二传杨锡兰，受到了舆论的指责，她情绪极坏，一度不想干了。我找她谈心，她静坐了整整40分钟，不开一声口。我不小心说了一句话："你有什么想法尽管说出来嘛，脾气不要这么犟。"她听后可恼火啦，冲着我说："是的，我脾气犟，可这犟脾气是跟你学的！"显然，这话有点失礼了，乍一听，刺耳。可我还是谅解了她。当时我想，面对这么大的压力，杨子有她自己难言的苦衷啊。我不能计较她的态度，应该理解她的心情。我没有生气，笑着回答她："是啊，我的脾气也很犟，你为什么要学我的缺点呢?!"她不言语了，不好意思地低下了头，一触即发的火被压下去了。杨子曾对人说过：我宁可听袁指导批评我，最怕听他慢声细语地对我说话。也许她从我的态度上，看到了我的诚意，谈心很顺利地进行了下去。这天，她绷着脸进我的屋，出去时，脸上微微泛起了笑容……

因人而异，因"质"施教

做人的思想工作，光有想做好的热情与愿望，不讲究方式方法，是绝对取不到好效果的。我国做思想政治工作的行家朱伯儒同志说:“政治思想工作就好比打排球,如果不看对象,不摸真情,不讲究方式方法,乱打一通,无论你使多大劲,打的都是‘界外球’。打界外球虽然也要花力气,但这种力气花得越大,球就输得越快。”这个比喻很形象。

怎样才能尽可能地多打“界内球”?我觉得很重要的一条是,要因人而异,因“质”施教。也就是说,根据不同人的不同气质,来掌握方法、把握分寸。

人的气质是多样的。属于兴奋型、胆汁质的人,往往灵活机智、精神爽朗,但常常情绪急躁、轻举妄动;而属于安静型、粘液质的人,往往沉着踏实,耐心谨慎,但常常固执拘谨,动作缓慢。兴奋型、胆汁质的人,思想容易放得开,比较豁达,对挫折的容忍力大;安静型、粘液质的人,思想比较狭隘,胆子小,对挫折的容忍力小。

气质和性格的关系是密切的,所以教练员要仔细琢磨队员性格,在教育中要考虑队员的气质特点。每种气质类型都有积极的一面和消极的一面,气质本身并无绝对好坏之分。因此,不能说这种气质类型好,那种气质类型不好,况且,研究心理学的人认为,属于一种纯粹气质类型的人是极少见的,绝大多数的人是近似于某一种气质,同时又具有其他气质的某些特点。研究队员性格,掌握住他的气质的某些特点,给予不同的教育，就可发展、补偿气质类型的积极面，限制不良消极面。关键在于教育是否正确，如教育得好，胆汁质兴奋型的人，可能成为积极、热情、生气勃勃的人，粘液质安静型的人可以发展成沉着、冷静、坚定性格的人。相反，如教育不得当，反而会助长各气质类型的消极面。

女排姑娘中，兴奋型、活泼型、安静型各种气质的人都有。陈亚琼、梁艳就是安静型、粘液质的人。刚进队时，这两个姑娘特别稚嫩，只要教练一点到她的名字脸就红，更不用说批评了。尽管两个人的技术条件和身体素质都还不错，但都表现得不够自信。对待这样的队员，她们即使出现了一些问题，我也尽量不在训练中或开会时的公开场合“剋”她们。以免把她们那本来就不很强的自信心给“剋”掉。而是采取个别谈心，稍稍点一点的办法。

起初，有的队员似乎不理解，认为教练偏心眼儿亚琼和梁艳。后来，她们也不这么认为了。因为大家看到，随着亚琼、梁艳技术和思想的成熟，她们的自信心增强以后，她们的气质发生了变化以后，教练对待她们就不象以前那样了，该剋的照样剋她们。

一次训练，亚琼闹了点别扭，被我“逮”住了，不仅把她留下来补课，还狠狠“剋”了她一下。后来，她开玩笑地对我说：

"袁指导,你对我好不客气呵!"

我笑着反问她:"你说说，现在我对你为什么不象当初那么客气了?"

她没有回答我，只是暗暗直笑。

什么原因，她清楚得很。她能够这么大胆地说我对她"好不客气",这件事情本身就说明，现在用这样的方式做她的工作，她已经能够承受了。

陈招娣则明显地属于兴奋型、胆汁质的人。她有了问题，我总是直言不讳地"敲打"她。开始，她也受不了，发脾气说:"我就这么好欺侮，把我不当萝卜不当菜的。"我也不理她。该剋的照剋。这姑娘心直爽快。你剋她，她想不通，就会马上溢于言表，甚至顶撞你几句;可你再剋她，真正剋到点子上了，再狠、再尖锐，她也接受。所以，我不怕她发脾气，不怕她和我"闹",而是耐心对付。多年相处，对她就是这样"敲敲打打"过来的。在女排中，也许要数招娣挨我剋挨得最多，可招娣一点也没记我的仇，她完全理解教练的用心，她知道教练不是不喜欢她，而是在帮助她摒弃缺点。其实，我还真很欣赏招娣这样的运动员，比赛时那股拼劲，真难能可贵。她性格上不足的一面，经过多年的磨砺，后来也变了，不象以前那么"毛"了，变得粗中有细，刚中有柔了。

当面指不足，背后说长处

列宁说："做人的工作是最伟大的艺术。"这门艺术确实学问很深。就说怎么运用批评和表扬的武器吧，这个问题就值得探讨。

女排姑娘说：

"要想得到袁指导的表扬，那真是难上难！"

"我们的教练啊，从来没有满足的时候。"

这话不假。不过，倒不是我觉得队员们没什么值得表扬的地方，也不是我只批评，不表扬，而是我喜欢当面多指出她们的不足，背后才表扬她们。我觉得这么做人的工作实际效果会更好些。

我们有的教练怕得罪人，尤其怕碰尖子队员、主力队员，当面只说她们好话，背后议论起来，缺点一大把，这么做一点好处也没有，只能说明教练无能，只能把队员越带越娇。

一个人的缺点不发现，不容易改掉；而一个人的优点不表扬，则也不会跑掉。尤其是打了胜仗，当自己的长处已显示出来之后，则应该多找找隐蔽着的短处。这样才能不停地进步，不断向上。

其实，"剋"得多，不等于优点少；表扬少，也不等于缺点多。对中国女排每个队员的优点、长处我一清二楚，但我确实很少当着她们的面表扬她们。唯有一次例外：那是在1984年洛杉矶奥运会中美决赛第一局打到14∶14时，当侯玉珠换上场发球，连得两分，拿下这关键性的第一局后，她从场上走下来时，我竟然当场就走上前去高兴地与她握了握手。

这是我第一次当着队员的面，甚至在比赛还没结束，胜负还没有定下来时，就对队员在场上的表现表示很满意。后来，张蓉芳曾开玩笑说："我们打了这么多年球，也没得到过这样的表示啊，侯子，袁指导这么对你，连我们都嫉妒了。"

虽说这是玩笑话，可我听后很有感触。想想这些年来，我总是不停地"折腾"着队员，很少有满意的时候，很少对她们说一些顺耳的、宽慰的话，也真是难为了她们。可是再仔细想想，这么做是事业的需要，这么做，对姑娘们的成长是很有好处的。值得庆幸的是，当队员们一个个离队而去时，都能理解我。一位退役的老女排队员在与一位朋友谈心时说："我太留恋女排生活了，现在我更加体会到当面说不足，背后说好话，才是真正关心人、爱护人。我真希望在我的周围还有这样的人，经常帮助我。"当那位朋友将这些话告诉我时，我很高兴，我觉得我的队员确确实实长大了，她们在人生的道路上长大了……

6＞6

体育比赛中的集体项目，除了比技术外，很重要的一条是比团结。

我常想，排球比赛场上看起来是6个人对6个人的比赛，其实究竟是几对几的比赛是个未知数，很可能是个不等式。这个队团结搞得好，6个人加起来可能等于6；那个队团结搞得不好，6个人加起来就可能只等于5，等于4、或等于3……。要拿世界冠军，那就不是6个人加起来等于6的问题了，而要做到 6＞6。

现代排球运动技术、战术飞速发展、日趋严密，要求运动员相互间从思想、意识到技术、战术，高度配合、高度协调、高度默契，6＞6的问题就更为重要。因此，如何增强排球队集体内部的凝聚力，这是这些年来我在带队中着力思考和解决的问题。

一位观众在给我的来信中说："我最喜欢看你们女排的比赛，因为队员们太可爱了，不管场上出现什么艰难险阻，她们从不互相埋怨，总是相互鼓励，团结拼搏，反败为胜。"

的确，数次世界大赛，我们女排队员在团结方面是好样的。不过这种局面，也是经过平时训练和比赛的磨砺，逐步开创出来的。

要想在排球比赛中熟练地打出多样的战术配合来，运动员平时在思想和行动上就要配合得非常协调。如果攻手与二传之间，思想上有疙瘩没解决好，就必然会在球场上反映出来，影响配合。1979年我们访日打最后一场比赛时，就暴露了这方面问题。我们2：0领先后，第三局场上比赛争夺激烈，孙晋芳和郎平求胜心都切，一急火气就来了，加上平时双方有一点点小隔阂没解决，矛盾就在比赛场上发生了。孙晋芳有个球传得不合郎平的胃口，郎平便要求孙晋芳传高一些，说话的声音响了一点，语气硬了一点，小孙有想法了：年轻队员，才打主力，就这副样子，有什么了不起！好吧，你行，你就自己扣吧！她面孔一拉长，干脆不好好给郎平传了。主二传与主攻手之间发生了矛盾，场上乱了阵脚。日本队乘虚而入，连连得分。当时虽然接连采取了应急措施，但一直未能扭转局面，结果连丢三局，以2：3败北。回国以后，我们花了很大的功夫专门解决这个问题，不但使孙晋芳、郎平提高了认识，吸取了教训，也使全队从这个问题上看到了团结是集体项目的生命。

要增强集体内部的凝聚力，光靠克服不团结因素是不行的，还要主动地采取措施去培养这种凝聚力。在训练中，我们经常搞一些队员与队员之间相互有牵制的训练，既练技术，又练思想。譬如：将她们分成一个个组，以小组为单位完成训练指标，一个人动作完成不好就要株连组内其他人。这样的训练，一开始必然会出现矛盾，甚至会互相埋怨。这不怕，就是要使他们从埋怨练到不埋怨,练到相互鼓励、相互弥补。一个人没扣好球，其他两个人要象自己没扣好那样，安慰她：别急，再来！给她出主意，怎么能扣好。这才是排球需要的精神。

一人补课全队陪，新队员加练老队员帮。这也是培养集体观念的好办法。每次补课看起来是少数人的事，实际上全队都在使劲，大伙儿一起帮助捡球，加油助威。新队员加练时，老队员围在一旁，一边看她们动作，一边还随时帮助教练做工作。

1984年初郴州集训时，一次，杨晓君练防守，指标还没完成，便累得趴倒了，大伙儿在一旁拼命为她鼓励，她大口大口地喘着气，想站起来,却站不起来。这时，左手缠着绷带，手臂吊在胸前的杨锡兰，走上前去，用那只没有受伤的手，递给晓君一只发夹，轻轻帮晓君将松乱的头发整理好，嘴里直劝道：再坚持一下，再坚持一下！晓君看到上午在训练中刚刚被挫伤大拇指的杨锡兰，没有休息，还在一旁为自己加油时，咬咬牙，一骨碌爬起来，重新又练了起来。

这种风气的形成，这种习惯的养成，正是增强集体内部凝聚力的基础。

创造平等相处的气氛

一位哲学家说过:"哪里不平等，哪里就不可能有真诚的团结。"这话很有哲理。

要增强集体内部的凝聚力，教练员尽量要做到一碗水端平。一般来说，教练员容易亲老队员、尖子队员，而疏替补队员、新队员。这就在客观上造成了队员相互间不是一个平等关系。我们的教练员应该看到这种倾向的危害性，主动地去创造全体队员平等相处的气氛。

我们女排强调队员之间虽然分工不同，但地位必须平等。越是老队员、尖子队员越不能搞特殊化。出国访问比赛，行李人人都得自己提，有的新队员和替补队员想让老队员、主力队员多保存些体力，抢着帮她们提行李、干事。尽管这是件好事，但我们也不主张这么干。偶尔一次，心情可领。上球场训练、比赛，老队员、主力队员照样拿球筐、背球袋。分礼品，也不搞什么主力与替补之分。来国家队以前，郎平那时还小，队里发巧克力、水果，常常给她双份或更多一些，大家都希望她多吃一些，好好打。开始，她没注意到这么做有什么不好，不以为然，收下了。1978年到国家队后，我们知道了这件事，帮助郎平分析，这么做会产生什么不好影响。郎平觉得对，再也不愿特殊了。

在我们女排，如果新队员和老队员之间、主力队员与替补队员之间发生矛盾，教练总是先剋老队员和主力队员。孙晋芳与郎平练配合闹别扭时，我先从孙晋芳身上找原因；后来郎平与杨锡兰练配合时，闹了别扭，我先从郎平身上找原因。队员们都年轻，相互间磕磕碰碰，发生些口角，有时也会有的，遇到这种情况，我对老队员、主力队员总是要求更严一些。1981年在香港，一次打篮球时，郑美珠不小心把郎平撞痛了，郎平一火，顺手用胳膊肘捣还了美珠一下。美珠站在一边悄悄地淌起眼泪来。我马上停下课来，批评郎平，并要她向美珠道歉。美珠见郎平很认真地来向她赔礼，不但气消了，还反而觉得不好意思起来。

1981年世界杯赛，在日本大阪，我们终于首次夺得了世界冠军，比赛结束了，发奖仪式马上就要开始，队员们换上了干干净净的红球衣，在过道里叽叽喳喳地议论刚才的比赛，等待着登台领奖。孙晋芳高兴地说："世界冠军终于到手了，多不容易啊，我们吃了多少苦，付出了多大的代价啊！"说着，说着，她无心地随口说了这样的话："瞧，咱们全队12个人，11个人都上场打了，只有周鹿敏一个人没上场，她多舒服呵！"此话，说者无心，听者有心。顿时，周鹿敏脸红起来，低下了头。从领奖台上下来，她一直闷闷不乐。其实，为了夺取世界冠军，周鹿敏和其他队员一样，没有少付出代价，就是到了日本以后，她也为比赛尽了最大的力。训练时，她与主力队员一起苦练；比赛时她为主力队员加油助威、出谋划策；休息时她悄悄帮主力队员洗衣服、烧开水……怎么能说她舒舒服服登上了领奖台呢?!事后，当别的队员把孙晋芳说的这番话告诉我时，我很生气，立即批评了小孙。小孙也认识到自己无心说出的话，刺痛了周鹿敏的心，她诚恳地向小周道了歉。

教练员这么要求老队员、主力队员，不仅对她们本人有好处，其他队员看了心里也服。相反，如果教练员在处理一些事情上，只能要求替补队员和新队员，而不去碰老队员和主力队员，那么即使替补队员和新队员表面上服从了，心里也会想：那好，等我成了老队员和主力队员时，你也别想要求我。

我中有你，你中有我

要增强凝聚力，必须注意克服有可能产生离心力的种种因素。拿世界冠军，要求全体队员绝对抱成一个团。我常想，宁可让队员联合起来与我斗，也不能让她们相互抵消力量。训练中，教与学之间常常会发生一些矛盾，有时姑娘们拧成一股绳与我“斗”，我并不生气，只要她们能抱成团，并非坏事，最麻烦的是，队员们三三俩俩，抱成几团。这也是女队最容易出现的问题。这几个人合得来，成天在一起；那几个人说得来，形影不离。天长日久，便分成了几团，而不是一团。

当然，人和人之间由于性格的差异，相处时，总有比较相投或不太合得来之分。这是通常情况下的正常人际关系。可是一个集体，要去拿世界冠军，需要高度团结、高度凝合，那么这个集体的成员，相互间就不能合得来就合，合不来就不合；或者特别相投，就成天在一起，置其他人于不顾。

杨晓君与侯玉珠是一对好朋友，她们俩同一天进青年队，同一天进国家队，现在又先后升为主力队员，经历相同，情趣相投，友谊很深。两个人平时接触多一些，这是允许的、正常的。可是，吃饭、走路、聊天，干什么事都是俩人在一起，那么无形中就会离群。排球更需要的是全体队员之间的相互了解和友谊。仅她们俩“相依为命”，接触过多，必然影响和其他队员之间的了解和友谊。当杨晓君和侯玉珠明白了这个道理之后，便自觉地注意了这个问题。现在她们俩很注意这个问题，与其他队员之间的关系相处得很融洽。

有些事看起来是琐碎小事，微不足道，可注意了，处理得好，能增强凝聚力；反之，忽视了，任其自流，就有可能产生离心力。集训期间，出国访问比赛时，我们还常常故意变换队员住房的排列组合，一段时间让这两个人住一个房间，一段时间又让那两个人住一个房间，扩大队员之间普遍接触，增进相互间了解。

这些年来，我们女排基本上没搞有形的、具体的评比，以避免人为地制造队员之间的磨擦。实践证明，这些做法是有效的。

一支球队，其中每个成员，都各有千秋。某人的优点，也许正是另外一个人欠缺之处，而另一人之长，某人未必具备。金无足赤，人无完人。一个集体正是由这许许多多有长处也有短处的人组成的。问题就在于能把这些力量捏到一块，向着一个目标。使每人都自觉地为共同目标去克服自己的短处，学习别人的长处。一支球队，总是你中有我，我中有你，人为的评比，不一定是好的办法。

现在回想起我们女排在那么多次世界大赛中，在那么多次人员调整更新中，队员们从未闹过上下场问题，也未为奖金的分配发生过什么不愉快的事，我感到由衷的满意和欣慰……

这个道理不能不讲

体育比赛，从某种程度上来说，是青年人的角逐。所以，可以说教练工作是一项和青年人打交道的工作。

青年时代是长知识、长身体的大好时光，也是道德成型的关键时刻。被人们称之为人类灵魂工程师的老师，不但要向学生传授知识，还要教人，要教育学生成为有理想、有道德、有文化、有纪律的人。教练员带运动队，同样也要既教技术，又育人。

德为才之师，才为德之资。一个真正过得硬的优秀运动员，应该是技术上的尖子，也是做人方面的表率。世界球王贝利就是这样的运动员，我们中国足球运动员容志行，也是被大家称为德才兼备的运动员。

运动员的这种“德器”，并不是天生而就的。靠他们自己努力增长，也要靠教练、靠周围的人、靠环境对他们的培养和影响。

我们的运动员年纪轻、文化低、思想稚嫩，往往在做人的道理上知之甚少。教练员就要结合在实践中遇到的具体问题，耐心地向运动员灌输做人的道理。

我们女排拿了世界冠军之后，荣誉高了，地位变了，在这种情况下，待人处世更应该注意些什么？仅这个问题，我们教练、领队就常常挂在嘴边，给她们讲了不少道理。

随着成绩的取得，女排姑娘的名气越来越大。每到一地，领导接见多了，群众围观多了，要求签名的络绎不绝。个别队员感到受不了了，甚至有不耐烦的表现。我们就抓住这个苗头给大家分析，我们女排的成绩是怎么取得的?没有党和社会主义祖国以及人民，为我们创造这么好的训练条件、生活条件，对我们所取得的每一点成绩给予这么大的支持与关心，能有我们女排的今天吗？这一点，一直是日本女排和美国女排所羡慕的。日本排协负责人说，如果日本政府也象中国政府那样支持排球，那他们会感到太幸运了。

我们要求运动员礼貌、热情地尊重和对待每一位关心女排的人。每次大赛归来，或者国内重大比赛，每天我们都要收到许多来自全国各地的，要求签名的来信，一个月多则上万封，少则几千封。一段时间，几乎天天晚上的空余时间都要用来给观众签名。还要挤出星期日和中午休息仅有的时间，一封一封的挂号寄回(怕遗失，都要求挂号寄回)。有的来信中没寄邮票，运动员还得自己贴钱。还有的球迷，给你寄来一本厚厚的、心爱的笔记本，请你签完名以后再寄回。这样，给运动员增加的负担就更多一些，因为签完名后，还得精心包装好再寄回，否则怕弄坏。……

因为我们为祖国争得了荣誉，所以观众才这么“迷”我们；这种感情是十分纯真、可贵的，我们应该理解、爱护和珍惜观众对我们的感情。懂得尊重人的感情，也是做人的道德……当我们的姑娘们懂得了这些道理之后，也便能比较自觉地处理好这些事了。

有一次，外地有所中学，一个班好几个同学合伙，给郎平寄来了一个大包裹，里面全是要求签名的本子和小玩意儿。郎平拿到包裹通知单去邮局取时，已过时间，要罚款。郎平想想有点“冤”，因为女排外出比赛刚回来，通知单她才拿到。她本想跟邮局说说这情况，可再一想，邮局也有邮局的规定。她二话没说，掏出钱来，罚完款，便把包裹取回了。

几天以后，她又去到邮局，掏出自己的钱，将签完名的包裹，给她的“知音”——一群中学生寄了回去。我可以想象出那些中学生收到这个包裹时的高兴劲儿。我想，从这件小小的事情中，可以悟出一些做人道理的，恐怕也不仅仅是郎平，也许还会有那些中学生……

可是，我们的运动员毕竟太年轻，做人的道理一经指点，在这个问题上，可能想通了，知道了；说不定又会在哪儿冒出另一个问题，惹你生气。

1984年底我们从香港回来，去海南岛打完表演赛，坐飞机回广州时，有个队员发现她挂在旅行包上的一个钥匙链丢了。那个钥匙链，是一位香港同胞送的，女排每人都有一个，钥匙链上还有每个队员的近影。她十分喜欢这个小玩意儿，丢了以后，特别不高兴，就这件事说个不停。

我说："丢了就丢了，没关系，这么多行李，就少了这个小玩意儿，有什么了不起，而且可能是年青人有意拿了，想留个纪念，别再作声了。"

没想到，第二天回北京，在广州机场时，她又嚷嚷这件事了。广州机场的工作人员听到后，真当作一件事，郑重其事地一道一道查起来。

我生气了。我想这孩子怎么这么不懂事，当着人家的面又说这事，好象是一件什么贵重物品被偷了。在机场休息室里我当场就批评了她，还把全体队员召集起来，开了个会，分析这个队员的做法错在哪里。我说："我们可以好好想想，大家对我们女排是什么感情，多少珍贵的礼物送到你们手上，人民给了你们这么多，你丢了一件小东西，就这么小气，当着人家的面嚷嚷，弄得人家机场工作人员和接待我们的人员，多不好意思。能这么处理事情吗?!"

这个队员哭了，解释说：不是我小气，是因为上面有我的照片，我……

我说：不管你什么原因，这么处理事情不妥。一个人待人处事，不能光从自己出发，要考虑到自己这么做会给别人带来什么影响。我不是说，你就没权利寻找自己遗失的东西，而是在大家这么盛情、周到地接待我们的情况下，你这么处理，实在很不礼貌……

这个队员不吭声了。在返回北京的飞机上，她也认识到自己这么做是不合适的。

我们的运动员就是这样，看起来身高马大，在人生的道路上，还全然是个孩子。如果我们教练员，面对这些正需要指点的孩子，看到他们存在的问题，只当没看见，采取沉默、回避的态度，认为自己教技术还忙不过来呢，哪有这个闲工夫去教他们怎么做人。那么，我们将有负于这些孩子，有负于这些孩子的家长，这实质上是一种失职！

（三）训　练　篇

不要怕“刺头”、“调皮的”，全是“郎平式”不行，清一色组合未必理想。

人云亦云，成不了好教练；不走自己的路，登不上顶峰。

训练需要气氛，必须用理智的我，战胜惰性的我。平时就是要自寻麻烦，自找折腾，在制造矛盾中解决矛盾。

教学相长，从运动员身上吸取养料多多益善。从当“保姆”到带“研究生”，务必处理好教学关系三阶段。

找准选才的出发点

古代军事家孙膑说:“间于天地之间，莫贵于人。”对于一个教练员来说,要想带出一支高水平的运动队,前提是选好人才。

有的球迷来信问我:“你当时是怎么选中这些队员的?”

其实，那时我刚从运动员行列走进教练员行列。在选才上没有什么经验。组队时，我们只是从当时所设想的带队的技、战术指导思想出发，挑选人的。

1976年，我出任中国女排主教练、韩云波出任教练时，当时的世界女子排坛,正处于多强争抗的时代。排球规则中，拦网规则的新修改，加剧了排球比赛中的扣、拦争抗，掌握网上制空权，越来越成为胜负的关键，这在客观上促使排球进一步向大型化发展。排球，已经成为高度、力量、速度和技巧相结合的排球。

这个发展趋势，决定了单一的速度加技巧的亚洲型打法，或力量加高度的欧洲型打法，都已不能称雄排坛。所以，当时，我们确定的建队技、战术指导思想是：博采欧、亚众家之长，创建一支中国式的，既有高度又有灵活性的，能攻能守、能高能快的全面型球队。

我们从这个技、战术指导思想出发选才，把目光首先投向了那些攻防技术全面、身体素质和精神素质都比较好，又具备一定高度的运动员。这些条件中，尤其强调了“全面”。

当时，世界排坛大型化的趋势已十分明显。苏、美、古等一些世界女排强队的身材越来越高大。我们觉得应该承认这个趋势，重视这个趋势，但是，这必须从中国的实际出发，从怎么走自己的路出发。选才时，不能唯高度，而要在全面的基础上追求高度，发展高度。正是把握了这样的指导思想，所以，技术全面、身高只有1.74米的张蓉芳、张洁云，以及1.75米的孙晋芳、陈招娣，都被选进了队。全队平均身高1.76米。这个高度在亚洲队中算高的，和欧美队相比不算高。假如，当时确定选才的原则，是在高度基础上的全面，那么也可能选入更多的高个子队员，全队的平均身高会更高些。但是，一些技术全面的小个子就有可能落选。

“清一色”组合未必理想

挑选每一个运动员时要全面衡量，考虑全队组合时，也要全面设计。从技术上讲，要人有特长、队有特点。在精神素质上，一个队12个人，不可能是清一色的，我们也不要求挑选清一色的。全是郎平式不行，全都是陈招娣式也不行，全都是梁艳式的队员同样也不行。

教练员不要怕个性强，难弄、难管的队员，只选听话的队员。四平八稳的组合，不是理想的组合。一个队，就是要由各种个性的人组成才好。有外露的，有内向的；有有棱有角的，有规规矩矩的；有敢冲敢打的，有谨慎稳当的；这样打起球来才有声有色，富有活力。他们之间还可以取长补短，互相“中和”，整个集体就能发挥综合优势。这就象一个导演挑选演员，如果都选长得漂亮的，只能演一种角色的演员，那就导演不出一台好戏来。

这些年来，进我们女排的队员，也不都是听话顺从、个性好的队员。我并不怕调皮捣蛋、“刺头”的队员，有的个性强着呢！记得1977年我们去保加利亚参加大学生运动会，有一场比赛，一度，陈招娣在场上接连二传吊球。暂停时，我告诉她：现在对方打得很活跃，二传吊球不容易吊中，你不要吊。她不听。暂停刚结束，马上又吊一个给我看。这孩子刚来时个性特别强。凡是她没想通的事，你叫她东她偏往西。她想，球吊不死的时候你看到了，你就说我，那么我吊死一个给你看看，看你怎么说！运动员这么任性，确实让教练员伤脑筋，可是她性格的另一面，是顽强、泼辣、不服输，又十分可爱。当教练员帮助她们磨去性格上不利的一面，保存并发扬有利的一面之后，这样的队员就会变成一名很好的运动员。

孙晋芳刚进队时，脾气很犟。这“犟”中，有不服输的一面，也有任性的一面。不服输的优点不仅要保存，还要让她发扬；而任性的一面必须帮助她摒弃掉。尤其是作为承担着组织进攻重任的二传手，需要有绝对的任劳任怨、甘当配角的铺路石精神。比赛中，二传手要主动地去为他人铺路。打好了，掌声往往属于扣球手；配合不好，责备和埋怨往往又会首先冲着二传手。起初，孙晋芳可受不得这个“气”。如果当时因为她脾气犟，而教练对她不感兴趣，不选她；或者选来后因为不好管，不培养她，甚至退回去；那么，世界上不就要少出一位“最佳二传手”吗？……

切忌人云亦云，随潮流

刚当国家队教练时，我想，中国队要上去，必须做到两条：一是，人家走一步，我们走两步，那就要从难、从严，付出人家没有付出的代价。二是，一定要创新，走自己的路。沿着人家的老路走，是超不过别人的。

当时，我们确定的技、战术指导思想的核心是“全面”。在强化全面技术的同时，引进男子的技、战术。这就是我们中国女排要走的路。

走自己的路，一切要从自己的实际情况出发。当时，我们挑选的12个队员水平比较接近，还没有突出的尖子。打比赛，靠整个集体，靠全面力量。所以，那时我们配备的是“四·二”阵式。即：两个二传手，四个扣球手，这样保证前排总是有三人参加进攻。从1976年参加世界大学生运动会，到1977年参加世界杯赛，我们采用的都是这个阵式。日本排球界对我们这种打法十分欣赏，说：中国队的六名队员能攻能守，中国女排走了一条全攻全守通往世界冠军的捷径。

1978年底，我们起用了郎平，强攻实力不断增强。这样，我们又从“四·二”阵式改打“五·一”阵式，只配备一个二传手。一个二传可以比两个二传练得更精，两个二传在配合默契上要花双倍时间。1979年6月我们访问日本，第一次改打“五·一”阵式时，当时的亚洲排联主席前田丰惊讶地问我：“你们为什么要改?”原来，前两年我们采用“四·二”阵式时，人家大多都采用“五·一”阵式，这年，人家改打“四·二”阵式了，我们却又偏偏不打“四·二”，打“五·一”了。这使他们感到不可理解。

一个教练员的视野应当非常开阔，要及时、敏锐地看到世界排球技、战术发展趋势。但是，也要切忌人云亦云，随潮流。不要一看见人家用什么新技术、新战术，立即就“跟”、马上就“套”。要把握排球发展的规律，一切从自己的实际情况出发，判断自己该走什么路。

譬如：“拦发球”，这项新技术，一度成了排球比赛中的热门货。男队采用得很多，女队也开始采用。可是，我们研究的结果是，在女子队，采用这项技术有点得不偿失，就是从中国女排的实际情况分析，也是这样。所以，我们决定不采用拦发球这项新技术。不过，我们还是花时间练了这项技术，练的目的有二，一是为了战术需要，迷惑对方。如针对对方某一个发球威力大的队员时采用一下。使对方误以为我们也采用拦发球战术，从而不敢将球发得太平冲。二是为了从中学会怎么“防治”拦发球，我们自己不会拦发球，怎么防治人家的拦发球呢?!

走自己的路，不等于不学人家的经验。创新，离不开继承。排坛上许多好技术、好战术，是几代人、许多国家的运动员长期积累起来的，人家付出代价总结出来的经验，我们为什么不学。一个人的智慧有限、能力有限，只有在博采众家之长的基础上，走自己的路，才有可能登上最高峰。

学习他人经验，不是照搬别人的做法。而是将彼之所长，化为己有，并进一步发展。女子的战术再怎么发展也超越不了男子战术的范畴。所以，我们在女排已有的技、战术基础上，又引进了一些男队的技、战术。在拦网上，特别强调学习男子动作。陈亚琼的拦网本来就有些男性化，具有滞空能力。我们又进一步强化她的动作，象男子那样，交叉步移动，掌握空中移位拦网。并在全队推广这种拦网。

1981年世界杯赛时，我们队拦网获第一，得分率最高，平均每局得3.88分。周晓兰还被称为“天安门城墙”。后来，朱玲的拦网也得到国际上好评。她的特点是拦死率高，象男子那样带有攻击性。我们队小个儿拦网技术也比较好，因而弥补了高度不足，网上没明显漏洞。

在各队发展快速打法的过程中，出现了抹吊技术，日本女排江上由美的快抹尤其出色，我们重点研究了她的这项技术。在吸取她长处的基础上，又进而形成了高点快抹的打法。本来快抹是配合不当中无意识产生的一种技术，往往是在处理球时被动使用的。现在我们将它发展后，在数次世界大赛中，作为一种战术，主动来使用，收效很好。

人尽其才，悉用其力

我看见一篇体育报道中说，巴西有个少年，在一个偶然机会中，随随便便地就跳过了1.85米的横杆。但有经验的教练并没马上断定他是跳高的天才，而是在综合性训练中，对他全面考查。后来，他跑出了百米10.1秒和跳远 8.23 米的世界一流成绩。但是，在教练看来，这仍不能说明他已发挥出了全部天赋，于是，让他改三级跳。1975年，他令人不可思议地一下子把原世界纪录提高了近半米，创下了 17.89 米的世界新纪录。

假如当初那偶然的一跳，使教练员马上拍板，把他选为跳高选手，那么，他可能会成为优秀的跳高选手，但恐怕不会是世界上最优秀的。这件事说明，一个教练员在开始培养运动员时，必须经过仔细观察，科学分析，认真思考，寻找到能挖掘出这个运动员全部潜力的最佳位置。而决不能目光短浅、急于求成。

最佳位置常常是在选择和比较中产生的。郎平刚进队时，我们曾经想让她当副攻手，也练了一下。后来，发现她起跳动作大、前冲力大，不适合打副攻，所以仍让她打主攻。

张蓉芳刚来时，我们看她手快、脚快，也曾把她推到副攻位置上试练过，但经过反复比较、分析利弊，还是决定让她打主攻。因为要成为一名世界水平的副攻手，拦网必须具有高度，张蓉芳不具备这个条件。将来即使她的快攻练得很出色，在拦网上难免会出现漏洞。

郑美珠1979年亚洲锦标赛前，第一次被选进国家队时，我们主要将她作为后排替补使用。那时她才17岁，真有一股“小老虎精神”，不知道什么是“怕”。中日之战，她被换上场后，关键时刻接连发出5个很凶狠的球，为中国队首次夺取亚洲桂冠立了功。比赛以后，她就回福建队了。有些人认为，象美珠这么矮的运动员，打国际比赛，恐怕也就只能作作后排替补了。没想到1982年初，我们队伍调整时，又把美珠选进了国家队。美珠二进国家队，排坛上是有争议的。有人说，中国女排高度已经不够理想，再选这么矮的运动员，不是更吃亏了吗？

确实，当时的世界女子排坛，高度已越来越高，在世界强队中，象美珠这样身高只有1.72米的进攻新秀已少见(日本、南朝鲜有几个)。但是我们还是看中了美珠，毫不犹豫地将她选进来，并根据她的特点，大胆地为她全面设计。

美珠性格上和技术上的最大优点是：沉着机灵，刚毅坚韧；基本功扎实，能攻善防，球场意识强。她在福建队时打过主攻和二传位置，我们决定培养她打副接应位置，接陈招娣的班。

陈招娣下来，为什么不选一个大个儿接她的班呢？偏偏选上一个比陈招娣还要矮的郑美珠？许多人纳闷。

我们作出这个决策，是经过全盘考虑的：首先美珠扣、拦、传、发、垫都不错，多面手打副接应位置，恰到好处。第二，美珠2号位扣球好，招娣下，美珠上，进攻并不减弱。第三，当时郎平已培养出来了，在对方重点防郎平的情况下，配上个小个子，利用跑动出其不意进攻，同样也有效果；同时，由于美珠"保证技术"好，接应时能为同伴创造更好的进攻条件。

后来的实践证明，这么起用郑美珠是正确的。现在我们女排打大赛已离不开美珠，别看她个子矮小，在场上不起眼，却能起到"润滑油"作用。在前排她常常声东击西，在对方冷不防时，扣出一个个漂亮球；在后排，她那过硬的小球和串联技术，往往把一些眼看就要失误的球救起，或把各种来球恰到好处地送到二传手上，使整部机器正常运转。

人尽其才，悉用其力。怎么根据每个队员的特点，扬其长避其短；怎么从队的需要出发，将每一个零件放到最合适的位置上，寻找出最佳排列组合，装成一部运转最快、性能最好的机器，这是集体运动项目的教练员所需要具备的本事。

用理智的我，战胜惰性的我

要想取得超人的成绩，就要吃得超人的苦。这个道理谁都懂，要真正做到不容易。因为人都是有惰性的，惰性随时都会冒出来，本能地保护自己。累了，就想休息一下，舒服舒服；碰到困难了，就想算了吧，绕过去。运动员、教练员吃不起超人的苦，想拿世界冠军，只能是一句空话。

为什么有的人在艰苦训练中，能坚韧不拔呢？这中间有个战胜自我的问题。一般的苦，大多数人都能吃；超人的苦，就得战胜自我后，才能忍受。为准备1984年奥运会的集训，我们在湖南郴州山城卧薪尝胆苦练。每天吃过早饭就练，直到吃午饭；下午午睡后再练，直到吃晚饭；有时，晚上还要加一班。即使不加练，也没空闲，不是技术讨论、开会，就是看技术录像或谈心。从早到晚和排球打交道。一度，队员也好，教练也好，累得、疲劳得连球场都不愿意跨进去。

怎么办？停止训练吗？我们的对手可一刻也没停练。离奥运会只剩半年时间，还有许多技术和配合问题刻不容缓地等待解决，能否实现三连冠，希望就寄托在这个冬季集训上。不能松懈，一天也不能停练！

在最最艰苦的时候，毫无别的办法，只有用理智的我，战胜惰性的我；只有调动自己、强制自己，兴奋起来，赶走厌练情绪。不断提醒自己，必须今天胜于昨天，明天胜过今天，忍受下这些苦，才有希望登上顶峰！

教练员在训练场上应是一个很有吸引力的人物。他的表现必然都在运动员的视野之内，他的一言一行自然影响着这一班人。

运动员要战胜自我，教练员更要战胜自我。从某种程度上来说，教练员战胜自我更为重要。排球教练员的体力消耗是很大的，有时一堂训练课下来，起码挥臂一千多次。本来胳膊已酸得抬不起来了，有时还得强制自己留下来给运动员吃“小灶”。今天给这个队员加练，明天又给那个队员加练；这时候，只要教练稍有一点放松自己，也就放过去了，更不要说严格要求了。

干别的工作有八小时之内和之外之分，当教练可不行。集训期间从早到晚和运动员泡在一起，直到她们闭上眼睛可以休息了，教练还得考虑明天的训练，总结当天的一切。队员惰性冒头时，还有教练的监督和帮助。教练员的行动全凭自觉。没有领导在旁一直看着你，没有人非要你这样要求队员，没有谁一定要你去吃这么大的苦。当然更可以找很多的理由来为自己辩解。所以教练员的惰性作祟时，只得自己去克服。明明对球已腻味了，还要打起精神，显得很有情绪地去带训练；明明练得连自己都想赶快下训练课了，看到队员完成动作不符合质量时，还得强迫自己把她们留下来补课。教练员战胜不了自己，吃不起这份苦，成不了好教练，带不出好队伍。

苦 练 的 科 学

苦练，不是蛮干；苦练，需要尊重科学。

讲科学，就要从实际出发。每个运动员的身体素质不一样。我叫你这样练，可能你一下子就受不了，可对她来说，一组练下来，还觉得不过瘾。老队员往往训练水平高，承受量大，同一种练习，多做几组也没什么；新队员可能才做一、二组就累得爬不起来了。教练员就要分析每个人的具体情况，区别对待，循序渐进。一味地蛮干，那是白费劲，出不了成绩，还会把人练伤。

每个人在不同时期的情况也不尽相同。教练员要善于观察自己的队员。多年相处，使我熟悉女排每个队员，基本上可以从她们在场上的动作、表情中，判断出她们动员自己的程度。今天谁的情绪比较正常，谁是在对付着练，谁确实已练得差不多，谁还有潜力…… 大体上八九不离十。

新队员刚进队时，一般来说不会偷懒，即使练得吃不消了，也不敢说。这时，如果你发现她动作显得有些犹豫，或者捶捶腰、捏捏腿，表情流露出一些痛苦，那么你就要主动问问她，身体有什么反应？以防她因不适应新的训练，拼命练而练出伤来。

怎么在苦练中科学地掌握运动量，是个很重要的问题。光凭测定的指数不够，仅靠教练员自我判断不行，必须两者结合。一方面定时对运动员的体力情况进行检查，根据数据掌握运动量；另一方面教练员要亲自带训练，来把握分寸。

一堂训练课三、四个小时，全是一个劲，没个喘息的机会，这违背科学，也不可能做到。教练员要学会掌握训练节奏。一堂训练课要有高潮、有低潮，有紧有松，更要学会把握那种紧中有松，松中有紧的本领。做到说紧，就得马上紧起来，该松时，也不懒散。这样，整个训练就不会只是一个频率。一个频率的训练，刺激不起来。这就象坐火车，为什么容易发困？因为老是一个节奏，咔嚓、咔嚓地，催你入眠。

我们讲苦练，不应该单单指受皮肉之苦。苦，还包括思维、思考的苦。比方你练得很苦，出了成绩，那么是否我只要也象你这样练，也就能出成绩？那不见得。只是在形式上模仿别人苦练，不通过自己动脑去理解，根据自己的情况来练，那是得不到同样结果的。不动脑子的苦练，不是真正有益的苦练，不是科学的苦练。所以，我们女排训练，教练总是要求大家“手脑并用”。我最反对训练中不思考。记得一次训练，姜英打了个好球，兴奋得举起了双手。我就立即吹哨叫“停”，问姜英：“这个球好在哪里，你想过没有？不要打好了欢呼雀跃，打坏了不知所措。”女排队员中，谁不动脑我们就盯住谁，非要让她把机器开动起来不可。

要善于创造训练气氛

日本排球界说：“大松博文教练是个创造训练气氛的专家。”艰苦的训练需要有气氛。良好的气氛，能促使运动员更艰苦的训练。

当年，大松带日本女排，练得非常苦。他来中国帮助训练时，我也被他练过。那是1964年11月27日，那一天的情景现在我还记得很清楚。大松带着三个日本女排队员一起来训练我们中国男排，在北京体育馆，全场观众观看。第一组就是练我和邓若曾。大松站在隔网，居高临下，不断往我们这个场地扔球，我们满场跑动，滚翻救球，精疲力尽，脚也挪不动了。他还要求每救一个球，都要退到底线，再鱼跃到网前起球。几十个球救下来，大汗淋淋浑身湿透。每次鱼跃救球时，人直滑到场子对面。第一组练下来，就想吐。好不容易算熬住了，没吐出来。难受劲还没缓过来，日本女排5号松村好子跑过来，叫我们再去练。她说：“我们发烧38度也练。”我们不服输，拼着命再练。那天，训练的情景和吃的苦，我现在还没忘。

大松带训练，总是练得那么狠，运动量这么大，可队员一个个都被他弄得毫不懈怠。尤其是日本女排每一堂训练课时间长、强度大，运动员的训练情绪始终那么饱满，这中间自有教练训练的秘诀。

吃超人的苦，是痛苦的。精神素质再好、再自觉的人，也总会有支持不住的时候。战胜自我，还需要必要措施的帮助。

苏联有一位著名教练曾说过这样的话：“严格和残酷是教练的职业习惯，不管教练多么喜欢自己的学生，教练必须看到学生的不足，必须强迫自己好象不喜欢她们，以便忍痛使学生苦练，这就是我的信条。”

这话一点也不错。为了使运动员尽快提高成绩，在训练中，教练员必须“铁石心肠”，严是爱，松是害。不这么做不行。尤其是带女队训练，更要咬咬牙，下狠心去把他们的潜力挖掘出来。因为生理上的不同，与男运动员相比，女运动员兴奋来得慢，体力消耗也慢，不会一下子就把全部力气都用上，说练不动了，也不一定就真的没体力了，“压一压”总还能再坚持一会儿。

在长达几个小时的训练中，没有气氛，没有刺激手段，效果是不会好的。

我比较注意通过语言，来激励运动员，但从不用讽刺，挖苦，骂人来刺激运动员。使用什么样的语言来激励，得因人、因事、因地而异。我不喜欢嘴上喊个不停。练防守时总是喊：起来，快来，快！……运动员听腻了，嫌烦。说不定反而更慢，因为她知道你在等着她呢！

我还常常用球控制训练。该快的时候快，该慢的时候慢。需强刺激的时候，我加快给球的密度。球不停地向你飞去，你不起来，也照样给，你仍慢慢吞吞，弄不好，球就要飞到你身上或脸上。人都有条件反射，有本能的自卫，这就促使你加快反应、加快动作。让不会说话的球来催，更能促使运动员思想集中，更能创造气氛。

后来，队员都摸到了我们的脾气。一碰到这种情况，姑娘们就有数了，警惕起来，动员自己。

顺顺当当、四平八稳的训练，脑子容易抑制、疲劳。经常给运动员出难题，弄不好就要“罚”，这也是一种刺激训练的好办法。譬如：练扣球与配合，要求每人扣10组球。连扣三个战术好球算完成一组；如扣三个一般球罚一组；扣一个好球两个坏球，罚两组。这么练，既有量又有质的要求，强度不小，刺激大，运动员不敢懈怠，越偷懒越挨罚。

苦练，之所以感到苦，不仅仅因为体力、精力消耗大。往往还因为，每次训练还常常是一些动作的千百次重复，太枯燥。当然，教练员应该尽量改进训练方法，增加训练中的兴趣色彩。但是，有些技术，必须靠无数次的重复，才能定型和娴熟起来。训练毕竟不是做游戏，不能天天变换花样，搞花架子。尤其是一个高水平的运动队，要拿世界冠军的队，训练更不是靠兴趣来吸引队员，而要从技、战术需要出发，怎么好，怎么练。

当运动员练得疲沓，感到没劲时，怎么办？

我们总是先鼓动，一次、二次提醒不行，便常常采取吹哨停练，“逮”住一、二个人“示范”练，让大家观摩的办法。根据当时情况，有时还叫老队员作示范，来带动大家，有时又让年轻队员来促老队员。

运动员都有自尊心，都怕被“逮”住。“逮”住了，又都想练好，练不好有个丢面子的问题。用她们的话说：谁被“逮”住，谁倒霉，还不如一开始就踏踏实实地练。

训练课上练不好，课后得留下来补。补课不是形式，要讲究实际效果。有的运动员一火，心想：补就补，反正你教练也得留下来陪我。这么补，怎么能补得好。所以，我们总是避免搞成“一对一”的补课，不让“补课”变成只是教练与个别队员之间的事情，而是采取一个人补课，集体帮的办法。一个人练，大家围在周围边加油，边帮助看动作，或随时与教练一起做思想工作。这时，运动员不好意思不认真练，更不能随便发火。因为她会想，由于自己补课，已经连累了大家，再不好好练怎么行！

教练员天天带训练，天天要和运动员“斗”。如何创造苦练的气氛，如何提高苦练的质量，这是一个很值得教练员经常认真探讨的课题。

学会算“排球帐”

在生活中，常常会有这样的情况：几个家庭，人口相等，经济收入相近，有的家庭日子过得很好，有的家庭日子过得很糟。这是为什么？这是因为，有的当家人会算帐，会安排；有的当家人不会算帐，不会安排。

排球教练不搞经济，但也要学会算帐，要学会算“排球帐”。

任何一项体育运动，都有它自身的规律。会算帐的教练员，懂得遵循这个客观规律，在训练中精打细算，将队员的力气用在刀口上，他们所带的运动队，自然长进就快。反之，不会算帐的教练员，往往是不懂得遵循客观规律，常常力气花得很多，收效甚少。

排球比赛最显著的规律是得失分规律。排球比赛最突出的特点是前后排轮转，一环紧扣一环。场上不能有明显的漏洞，否则就会衔接不上，造成失误，失分。一个排球运动员如果在前排扣球能力很强，轮转到后排时，接球、防守和串联技术却很差，丢失的分比前排扣球时得的分还要多，那么就“划不来”了。只会“花钱”，不会“赚钱”，怎么赢得了球。排球比赛中，你费力扣、拦得到的一分，和你轻而易举失误送给对方的一分，价值是相等的。我们要懂得算这笔帐，从实战需要出发，既重视主要得分手段的训练，又不忽视减少失误环节的训练。

排球比赛中，除了发球和拦网外，任何一次主动得分，都要在防起对方的进攻之后，再组织反击才能实现的。在组织反击中，“小球”、 串联技术是看起来不显眼，却十分重要的技术。这些技术不过硬，场上失误就会多。这些年来，我们女排一直十分重视这些容易被忽视的细小技术。我总觉得要拿世界冠军，必须把自己大大小小、各个环节的技术都练细腻了。否则世界冠军和一般强队就没什么区别了。高水平的角逐往往是“毫厘之差”，常常就是看哪个队的技术精雕细刻得好。

“小球”、“串联技术”，不是靠突击训练能练出来的，主要靠平时训练，日积月累提高运动员的手感和球场意识。正因为我们一直很注意在训练中培养这方面素质，所以“小球”、串联技术水平比较高。在历次世界大赛中便占了便宜。从统计数字看，我们除胜在扣球、拦网得分外，还有很重要的一条是自己失误少。对方因失误送给我们的分，比我们送给她们的分多得多。我们和美国(过去)、古巴等强队较量时，有时双方扣、拦得失分相差不多，我们主要就赢在自己失误少。

排球比赛，还有一个明显的特点，那就是比赛没有时间的限制。只要符合规则，不成死球，球可以无限制地来回；只要不得分或不失分，球可以无限制地转换发。这就使实力相当的对手之间的比赛，时间拉得很长。这个特点又决定了排球比赛中，反败为胜的机会比较多。这笔“帐”我们也不能不算。为了抓住一切可能取胜的机会，在训练中，我们特别注意培养运动员的韧劲，以及加强“摆脱困难”的心理训练。

有一位观众在给我的来信中说：“看你们女排比赛，我最欣赏的是——你们总能反败为胜”。这个问题有两种情况，有时候是由于我们自己一开始没抓紧，被人家领先了；有时候确实是我们的运动员拼劲足，不甘落后。我们能反败为胜，这和我们平时注意从实战需要出发的训练是分不开的。

主攻手在比赛中承担的进攻任务最重，体力消耗大。为了练出她们反败为胜的过硬技术和后劲，我们常常在训练课快结束时，对主攻手进行强攻突破的过“关”训练。要求在强拦网、好防守的情况下，完成指标。这种练习，难度高，刺激大，运动员练下来常常是大汗淋漓，技术、思想、意志、体力都有收获。

训练课上进行练习比赛，我们人为地制造磨砺机会。常常让一组从落后比局和落后比分打起。比赛一开始就算已输了两局，从第三局10:13或14:14打起。要求能赢。赢不回来可不行，就要采取补课措施，直到完成要求为止。经常这么磨练，动真格儿的，运动员头脑中就形成了这样的意识，只要对方不到15分，我们就还有胜利的希望，就要争！就要夺！

运动员们还学会了算这笔帐：只要我顶住，不失误，把你打过来的球防起来，我就可以打你。一个回合打不死，就两个回合，两个回合不行，就三个、四个、五个……，不能“一锤子定音”打得那么干脆，只要最终能打死，不也同样得分。

前几年，我们和日本队实力相当，比赛中来回球特别多。有一次，一个球最多打了17个回合才见分晓。日本队能磨，韧劲足，我们要求我们的队员比日本队更耐磨、更顽强。一场比赛有时长达3个小时。日本队一向串联技术好，失误少，可我们终于在这方面也超过了她们。所以，胜利最后还是属于我们。

培养令对手望而生畏的尖子

一个运动队要拿冠军，没有尖子不行。内行人判断一个队能不能拿世界冠军，首先要看你这个队有没有够世界级水平的尖子队员。

尖子队员往场上一站，常常令对手望而生畏，造成心理上的压力；给本方带来信心和希望。尤其在集体性、配合性很强的排球比赛中，尖子队员是场上的骨干和核心，是战斗中的坚强堡垒。当年日本女排拿世界冠军时，尖子队员有河西、宫本等，后来拿冠军时又有白井、前田、松田；苏联女排拿世界冠军时有雷斯卡莉、布尔达柯娃。古巴女排1978年拿世界冠军时有波马雷斯、佩雷斯等。我们说塞林格带领的那支美国女排以及现在的古巴女排，已经具备了夺取世界冠军的水平，也正是因为美国队有海曼、克洛克特和格林这样的尖子，古巴女排有卡波特、路易斯、冈萨雷斯这样的尖子。

尖子队员技术上一定要尖，必须有自己的特长，自己的杀手锏，否则形不成令对手望而生畏的威胁。尖子队员一冒尖，往往成为众矢之的，被人家重点研究，重点防备。所以尖子队员的技术要不断有新变化，精益求精，尖而更尖。孙晋芳、张蓉芳和郎平之所以成为两届、三届、四届世界冠军的主力队员，并成为使对手伤透脑筋的人物，就是因为她们技术上有绝招，而且年年总有新提高。

美国女排把郎平的进攻路线全部输进了电脑，画出了轨迹图。这也没用。一较量，场上的郎平又变了。郎平的强攻，开始高打多，后来揉进快攻，高快结合，还加上了跑动进攻，后来她又有了提高，个人进攻战术运用自如，打、吊结合，高点、平打结合，灵活使用。人家再熟悉她，也总觉得难对付。

郎平所以成为令对手望而生畏的尖子，不仅仅因为她扣球凶狠，光扣球有绝招，也不一定令对手畏惧，郎平的威慑力，在于她是一个技术全面的攻击型选手。扣、拦、发、垫每一项技术水平都较高。她不象有些高个儿选手。只喜欢练进攻，不喜欢练其它项目。为了练出拦网的过硬技术，她手指都被打翻过，缝了好几针。

张蓉芳这么矮的强攻手，就是凭着自己精湛的技术，在大型化的世界排坛上确定了自己的位置。并且不断完善自己，巩固和提高着自己的位置。四号位平拉开是她的绝招，常使对手一筹莫展，但她不满足这一招，又练好了二、三号位的进攻，声东击西，大跑动进攻，有了这一招，结合着用，她四号位平拉开的绝招威胁就更大了。因为她个子矮，手上功夫就练得更精，转腕变向扣球、平打、吊球等技术，得心应手。世界强队的主攻手中，掌握象她这样进攻技巧的很少。

日本女排队员说，她们最怕张蓉芳。她们宁可防郎平的扣球，也不愿接张蓉芳的扣球。这说明，她们和中国队较量了那么长时间，还没完全摸清张蓉芳的扣球规律。难怪人家称她为“怪球手”。

“尖子”是磨出来的

尖子队员技术上要有过人的实力，既能起“排头兵”的作用，又能在关键时刻，“一锤子定音”，解决问题。尖子队员不但技术上是顶梁柱，意志品质也要过硬，其他各方面都要发挥作用。要有威信，具备捏合能力和感召能力，成为团结全队的核心，教练的意图通过她们在场上得到贯彻。

尖子队员的这些特性，不可能自然形成，要靠教练员悉心培养。这就要求教练员从技术到思想倍加严格要求，这并不是尖子队员和大家一时都能想通，都能在行动上接受的。

我们抓尖子队员一开始就把意图交给全队。让大家明确，一个队为什么要有自己的尖子队员、核心队员，尖子队员、核心队员应该起哪些作用。在运动队中，尤其是集体项目中，最容易在这些问题上想不通：你打多了，我打少了；培养你了，不培养我了；谁当主力，谁是替补；让你出国了，我没出国；等等。我们女排队员这些问题解决得还比较好。想法谁都会有，但大家能够以大局为重，一切从事业需要出发，把这些关系处理好。

尖子队员自觉接受教练员倍加严格的要求，会有个过程。就说孙晋芳吧，一开始她就想不通，教练为什么总对她过意不去，是她的问题不饶她，不是她的问题也盯住她；训练时，她练好了，别人没练好，也要责怪她没带好。

一次训练，小孙练得不错，可我故意找碴儿，说她情绪还不够高，我叫她动员起来，她接受了，但有点勉强，看得出有点不高兴，我又进一步要求她把大家带动起来。这下她可生气了，但不吭声，也不理睬，开始和我“顶牛”了。提醒后，她仍没反应。我就吹哨叫大家停下来，看我单独练她一人，我说：小孙什么时候把气练顺了，我们什么时候就结束。小孙见我给她出这么个难题，心里火了，板着个面孔和我练。心里好象在说：别人练不好，你拿我出气，我就好欺侮。今天你这么对我，就是错了。练了一会儿，我让她休息一下，叫杨希、招娣过来给她做做工作，接着再练。她仍憋着气，不讲话，脸没笑容，就是拼命地摔滚救球。场上气氛也挺紧张。队员们在旁边给她鼓劲；有的同情她，嘴上不说，但心里在说，这个教练简直不讲道理了；有的劝她，担心练僵，无法收场。我毫不生气，但一点也不放松，耐心等待她战胜自己。

练练停停，分别叫人做做工作，就这样，前后大约练了40分钟，最后，她终于走到我面前，说：教练我气顺了。尽管说话的口气仍很粗，气还不顺。但从小孙来说，能当着大家面，在这种情况下说出这句话，是很不容易了，是一个很大的进步。

我心想行了，该收场了，给她个台阶下。事实上也是给我自己一个台阶下，圆满收场。我说：好，不错，最后再练一组球，就完了。其实这组球我都给她“菜球”（容易救起的球），故意让她救起一些漂亮球来。这时，她也消了点气，情绪逐渐恢复了正常状态。

我吹哨叫全队集合，跟大家讲今天为什么要练孙晋芳，这么做，并不是孙晋芳不听我袁指导的，我就偏要你听，不听就罚你，整你。而是因为孙晋芳是队长、二传手，场上的核心，要起纽带作用，串联大家去拿世界冠军。她不仅不能把自己情绪带上场，还要去鼓励别人、指挥别人，所以我要磨砺她。打比赛不就是这样，你顺了，对方就要想办法搞乱你。你小孙打好了，对方就要刺激你，你打得别扭，对方更要趁机搞急你。你二传手一急，不就乱套了。你自己都稳不住，调节不好，全队怎么靠你去带动?!我把道理给大家讲清了，既练了小孙，又教育了大家。事后，我又找小孙个别谈心，进一步把她思想理顺。小孙慢慢从中悟出了道理，后来也就能较自觉地忍受教练的“挑剔”了。从此，其他人也都慢慢习惯这种磨练了。

训练中制造矛盾容易，解决矛盾不容易。有时候一搞乱，还真难收场。运动员要个态度，“崩”出一句话，会把你气半天。何必自讨苦吃呢?!可不这么自寻烦恼行吗？不行。比赛时，场上出现“乱摊子”就要靠你去收拾。教练员必须研究这个学问，掌握这个本事。只有不断根据比赛的需要，动真格儿的，才能真正磨练队员，培养出尖子。我这么“折腾”队员，实际就是从难、从严、从实战出发。平时如果技术、战术、体力、心理等各方面，都力争在超过实战的情况下进行训练，比赛时才会感到轻松。这也就是过去贺龙元帅经常教导的“平时多流汗，战时少流血。”

培养尖子队员不容易，更难的是尖子队员名气大了以后，你还敢不敢抓，还敢不敢要求。没出名以前，你要求她，她心里即使不服，也不敢说。现在再这么要求她，有时就不这么老实了。她不服管，就不管了吗？那不行。尖子队员越冒尖，越要严格要求，这个原则必须坚持。

对尖子稍有放松，就很难再要求起来。当然，这个时候对尖子队员的严格要求，和过去没冒尖时的严格要求，在形式上应该有所区别。要正视现实，格外注意方式方法，掌握分寸和火候。不能再象过去那样，有了问题，就剋或补课。因为她毕竟已冒尖，总是更注意自己的面子。

有时候教练也确实难把握这个尺度。技术练尖了，伤也来了。她说伤痛，你让她坚持练吧，又怕真练坏了怎么办，比赛还得靠她打；你让她休息吧，有时候还真是娇气。

我们把握的尺度是，不管怎么样，不能因为当了尖子队员，技术成熟了，就可以少练了。有伤要积极治疗，坚持边练、边治的办法。脚伤练手，手伤练脚，手脚伤练腰腹。运动员如果全面停止训练，身体和技术都会受影响，再恢复起来很慢。张蓉芳胰腺炎手术之后，郎平阑尾手术之后，都是采取边训练、边恢复的办法。所以，后来参加世界大赛都没受影响。

对尖子队员的伤病能这么要求，其她队员都看在眼里，再要求她们时，就更没什么好说了。全队好的训练作风也就不会丢。

好的队风，好的环境，是出人才的土壤。有了良好的土壤，尖子队员才能更好地成长。

创造脱颖而出的条件

1981年世界杯赛前夕，我去日本观摩日本杯比赛，在汽车上，日本女排总教练山田重雄对我说："你们队现在的年龄结构是最好的，世界冠军将属于你们。"这些年来，我们中国女排确实比较重视队伍的年龄搭配，不间断地培养年轻队员，注意新、老队员的衔接，不失时机地进行队伍更新。这也是我们能够保持世界冠军的重要原因之一。

目光短浅的教练员，往往只盯住眼前的几个主力队员，被近期的比赛牵着鼻子跑。有远见的教练员，在走今天的路时，就已经想到了明天。培养不出新人的教练员，称不上是一个优秀教练员。

新队员一开始进队打不了主力，教练员要舍得在他们身上"投资"。刚进队时，大多数新队员都有一股锐气，这时你狠狠地练她，再大的苦她也会咬牙顶着。因为她觉得你重视她，你是在培养她。反之，新队员进队后，如果教练员认为反正一下子也用不上，慢慢来，大家怎么练，让她也跟着这么练吧。那么，新队员那股子劲就会渐渐地被磨掉。她会想，反正教练也顾不上我，我就这么练吧，等老队员走了，自然顶替上去。

我们女排的新队员一进队，几天过下来，就会觉得这里的日子并不是那么好过的。首先要跟上全队的训练，不那么简单，因为国家队的运动量要比地方队大得多；同时，还要准备吃"小灶"。训练结束了，别人可以休息，你三天两头，理所当然地被留下来加练。可以说，进中国女排的新队员，没有哪个没有被练哭过。

哭，一是因为苦，跟不上这个训练节奏，适应不了这个运动量；二是因为教练老盯住你，要求严，要你改这个毛病，那个毛病。

郎平刚进队时，我对她抓得尤其紧。一段时间，几乎天天被留下来加练。后来，她自己告诉别人：

"刚进队时那段苦日子，我一辈子也不会忘。每天走进练习馆，腿就发抖。就怕最后加练。有时练完实在吃不消了，真想让同伴架着我走出训练馆。"

杨晓君刚进队时，条件不错，毛病也不少。我们就花功夫专治她的毛病。这孩子聪明着呢，常常会采取自我保护措施，知道要比赛了，她就省着点劲练，自己掌握起运动量来。那怎么行？你还是新队员，训练中想不使全力就不使全力，当了老队员后，那不就疲疲沓沓啦！

那年，去罗马尼亚访问时，我就专门治她这个毛病。晚上打比赛，上午全队训练。课后，还将晓君留下来加练。你不是担心晚上比赛吃不消吗？那么就试一试。看看晚上究竟是否吃得消。其实，根据平时训练的量这样安排，她是完全能承受的。现在世界上大多数强队，晚上或下午比赛，上午照练，都是真练不是假练。

那天，我给晓君练的量还不小。看得出，一开始，她不太想得通。我说她有娇气。话重了一些，她哭了。这孩子有一点好，你真正"逮"住她了，压着她练，她哭也照练，不后退。哭管哭，迎着球上，拼命也要把球救起。运动员有这股劲就好，我就是要把她这股劲练出来，新队员在使力气上不能吝啬。后来，去保加利亚、匈牙利、苏联访问时，一路上，我也基本上三天两头加练她，事实教育了她，把她的毛病治好了，既提高了技术，又练出了意志。

每次队伍调整之后，对认准了要培养的新队员，我们总是下狠心，不惜"工本"地练她，"拢"她，舍得为她付学费。

1981年世界杯赛后，杨锡兰被吸收进队。当时孙晋芳刚获得最佳二传手称号，在队里无疑仍然是主力，1982年的世界锦标赛当然还得靠她打。但是，小孙有伤，到时万一打不了，怎么办?!因此这时就必须考虑培养杨锡兰的问题了。再说等到孙晋芳退了，再培养杨子，也来不及了。

为了给杨锡兰创造锻炼的机会，有一次我们可冒了风险。那是1982年6月，我们快访问日本时，刚好孙晋芳身体不太好，于是，我们就故意将孙晋芳留在家里，让杨锡兰顶着她去打。我们想，这样，攻手可以死心踏地地跟杨子练配合。如果让孙晋芳去而不打，由杨锡兰打，那么场上万一配合不顺，攻手自然还会希望小孙上；教练看见比分落后了，也可能会产生动摇，下不了狠心让杨子顶着打，而杨子也可能会提心吊胆，一打不好，就想可能会换她下来了。干脆不让孙晋芳去日本，大家都毫无退路，也许杨锡兰会得到一次较大的锻炼。

然而，这么做也确实大胆了一些。因为当时中国队刚取得世界冠军，以前苏联队、古巴队、日本队拿了世界冠军后，都接连打几十场国际比赛保持不败。我们中国队可不要一拿世界冠军后就输球。几个老队员担心起来，悄悄对我说，还是让小孙去吧，这样保险些。经再三考虑，还是将小孙留下了。结果这次访问比赛我们没有输球，还培养了人。杨锡兰收获不小。

记得，还是很早以前，有一位部队的领导同志曾对我说："过去部队常常采取让新兵跟老兵出去打胜仗的办法。现在培养新队员，最好不要让他们一上场就啃'硬骨头'。一开始，要让他们打些胜仗。"我觉得他的话很有道理。

新队员的自信心，不是靠讲出来的，而要靠自己在比赛中打出来。教练员要尽量为她们创造这种打比赛的机会。我们常说某某新秀脱颖而出，这个脱颖而出也是要有条件的。这种条件创造得好，新队员的自信心一下就打出来了；条件创造得不好，反而有可能把他们的自信心破坏掉。所以，我们说培养新队员不光是简单地给她以机会的问题。

有时候，我们的教练培养新队员急于求成，看起来很大胆，很放手，一下子就把新队员放到很困难的情况下去锻炼；或者，一下子就上许多新队员，场上没人带，又不舍得付学费，一看不行，再统统换下来。这样就会出现问题。一个新队员几次上下折腾，就会想，怎么我上去老打不好，老输球，大概我就是不行；或者也可能在心里产生埋怨别人的想法。而老队员也会想，一换她上来就不行，慢慢地会产生不信任感。从教练角度出发，则可能会说，一次次给你上场机会，你怎么不争气。多次以后也就形成看法，这个队员从此坐冷板凳了。这么培养新队员，反而会把事情弄糟，很容易挫伤队员的积极性，效果不会好。

还有一种情况就更不可取了。教练员抱着不是你总闹上下场吗，说我不培养你吗，就有意让她去啃硬骨头，待打不好下来，就有话柄了。

这些年，我们在安排新队员上场打比赛时，比较注意合理调配阵容，重视老带新的问题。根据对手情况，采用五夹一，四带二或三带三等办法。如安排新二传上场时，多搭配些老攻手；安排新攻手上场时，把老二传配上，使场上始终有一方是可以带的。排球比赛中，攻手和二传之间的配合，是建立场上正常秩序的基础。这两个环节一乱，其他环节也会跟着乱，一乱套，新队员就得不到锻炼。如果教练员把攻、传搭配好了，以老带新，新队员上场一打，就觉得比较顺，胆子便放大了。即使技术发挥得不理想，也有人弥补，有人鼓励。这么锻炼，不仅可以防止损伤运动员的自信心，相反，几场球打好了，新队员就会想：看来我上场也无碍大局，照样能赢球。自信心便逐渐增强起来，老队员对新队员的信任，也从中逐步建立，人才往往就这样崭露头角了。

从当“保姆”到带“研究生”

要带好训练，一个重要问题是处理好教与学的关系。教练员再有本事，运动员条件再好，如果教学关系紧张，那就拧不成一股绳，谁也发挥不了作用。

我国排坛有“三年成形，五年成才，八年成器”的说法。教练员要遵循运动员成才的规律，根据不同时期的不同特点，处理好教学关系。

刚开始带这支女排队伍时，我们觉得自己是教练，似乎又是个保姆。运动员年轻、活泼，求知欲旺，上进心强；但幼稚、单纯，分析能力差，除了打球外，别的事懂得甚少。我们要教技术，带作风，管生活，还要教他们怎么做人。这个时候，教与学之间的关系，依赖性比较大，我们说得多，她们听得多。我们怎么教，她们就怎么做。有点类似中、小学的师生关系。这个时期，关系倒也好相处，能要求得下去。一开始搞严了，所以，后来也能严得下。

教学关系的第二阶段是：随着运动员渐渐长大，有了一定的本事，技术掌握了，思想得到了锤炼，各方面都得到进步，基本上已能管住自己。由于成绩的取得，使教与学之间增加信赖感，友谊加深，平等色彩增浓。这时候的教学关系，就如大学里的师生关系，处理好这一阶段的关系不容易，因为运动员似好管又不好管。如果这一阶段关系处理好，下一阶段就好带了。

教学关系的第三阶段是：随着运动员技术、思想的日趋成熟，取得了显著成绩。她们在胜负的考验中，积累了经验，形成了自己独立的思考，独立的见解。这时候，教练员带她们训练，可以更多的采取点一点，加强辅导的办法，重视教学相长，发扬民主，帮助老运动员把自己在实践中积累的经验，运用到再提高上来。这时的教学关系，仿佛教授带研究生的关系。

这个教学关系"三部曲"，我不知是否科学，但这是来自实践的体会。

教练员带队，充满着教育学的问题。我国著名教育家陶行知先生说："我以为好的先生不是教书，不是教学生，乃是教学生学。"叶圣陶先生说："教师教各种学科，其最终目的在达到不复需教，而学生能自为研索，自求解决。故教师之为教，不在全盘授与，而在相机诱导。"

当然，运动员就是运动员，不等于研究生。但是，当运动员进入成熟期后，教练员应该当一个高级指导。象教授带研究生那样，采取以辅导为主的教学方法。要尽量多发挥运动员的主观能动性。培养她们的独立作战能力，而这种能力，正是能否创造好成绩，所必不可少的。多听取队员的意见，帮助她们总结实践中的体会，研究她们的见解，鼓励她们自己拿出作战方案，采纳她们的建议。

一般来说，这时候运动员也有了资本，敢于发表自己的看法了。我们的教练员可千万别误把她们的这个积极行为，看作是自以为是了，骄傲了，听不进教练的意见了……等等。

事实上，实践中我们常常听到一些教练“诉苦”，某某运动员出了成绩，翅膀硬了，自有一套，再也不听教练的啦！……这种情况有没有？确实会有。但有没有把运动员出了成绩以后，敢于发表意见、坚持己见的积极做法，当作是骄傲了呢?！也确实有。

优秀运动员在实践中积累的经验，是一笔宝贵的财富，把这笔财富挖掘出来,不仅是培养人才的需要，也是实践的需要。一个教练员再高明，他也不可能掌握象运动员那样的直接体会。所以，有些经验之谈可能是运动员的独到之见。

我国古人就强调“教学相长”，这不是没有道理的。一个聪明的教练员应该多多益善地从运动员身上吸取养料。这一点我想得很通。我带队，在管理上更多强调“集中”,但是技术上，我主张必须民主，畅所欲言，允许有保留看法。我们经常组织队员对训练计划和技术问题进行讨论。在怎么用人的问题上，总是尽量广泛征求意见。还请老队员当“小教练”讲技术课，做示范，带课训练新队员……让手快脚快的姑娘谈快攻，让“发球能手”谈发球，“一传能手”谈一传，我自己也注意用她们的体会，来丰富教学实践。

赢得世界杯冠军后，打重要比赛，我们常常让队员自己先拿作战方案。1982年世界锦标赛预赛输给美国队后，形势严峻，要求我们连胜六场，不败一局，才可能夺魁。我们充分发动全体队员集思广益，每一个作战方案均是让队员们自己先讨论，再集中到教练员这儿来。常常是队员提出的方案与教练提的方案不谋而合。有时，大同小异，那就相互补充，进一步完善。

有的准备会，我们故意让队员或者队长主持开（当然，作战方案是事先一起研究过的）。这么做，一方面是培养她们，另一方面也促使她们更动脑子，加深印象。实际效果很好。1984年，洛杉矶奥运会中美决战的准备会就是郎平主持开的，由于事先早已作了充分讨论，作战方案都是经过队员头脑认真思考后产生的，所以这个准备会只开了一个半小时，我只是在最后讲了一刻钟，再帮她们突出一下重点。打比赛时，大家贯彻准备会意图很清楚。这说明成熟了的运动员的聪明才智和积极性，是大可开掘的。

（四）指　挥　篇

用人要敢于冒风险。常格不破，大才难得。女排新老更新，是一潭活水，进三分之一，出三分之一。

临场用兵，切忌模棱两可。信任不可少，迷信不可有。

赛前准备有规律可循。打有准备之仗，才能镇定自若。平时可“拧”着来，赛时需“顺”着来。

预则立，不预则废。指挥员之间的较量，从预测开始。观察是智慧的能源，争斗在洞察中进行。成败取决于瞬间的决策。

心理战，奥秘无穷。

常格不破，大才难得

能用人者，无敌于天下。

人们常把将军的指挥才能比喻为："用兵如神"。会用人，是指挥官的第一本事。古代，楚汉之争，刘邦所在的汉，所以能由弱到强，项羽所在的楚，所以由盛到衰，原因之一，刘邦会用人，项羽不会用人。

当然，用人的前提是有人才。没有人才怎么用才？可是，往往有些很好的人才，就是因为没有慧眼去认识他；或者发现了，却没能适时地去用，而被埋没了，浪费了。

其实，人常常是被推上其位后，他的聪明才智才施展出来的。不用其才，何以成才?!我国古代思想家墨子说："君子如钟，扣则鸣，不扣则不鸣。"现实中确实如此，良材美器，宜在尽用。一个教练员要想打胜仗，首先就看他能不能发现新人才，看他敢不敢用人，会不会用人。

这些年来，我们女排在用人上，摸索出了一些自己的做法。1978年破格起用郎平是成功的一例。

我第一次见到郎平，是1976年，女排刚组队，在漳州集训时。那时，她是北京青年队的新队员。北京青年队教练告诉我：这孩子行，条件好，也肯练。我看这苗子倒是不错，不同于一般的大高个，比较灵活、反应快。我们都认为她很有希望。

一年以后，我去南京看全国比赛，郎平已进入北京队。那天北京对江苏队比赛，我一看，这孩子技术已长了一截。虽然非常嫩，身体很单薄，但动作合理，协调，没大毛病。郎平这名字便印进了我的脑子。特别是她那好强争胜，不甘落后的性格，给我留下了深刻的印象。

1978年，中国女排赴苏参加世界锦标赛，只打了第六名，明显暴露了强攻不强的弱点。回来后，我们下狠心解决这个问题。决定从长计议，立即将17岁、身高1.84米的郎平吸收进队，重点培养。

这年年底，在曼谷举行的亚运会上，我们又大胆起用进队才两个月的郎平。当时的主力强攻是张蓉芳和杨希。论技术，郎平的水平还没超过杨希，何况又是第一次出国参加国际比赛。

那天，刚好是郎平满18岁生日。她第一次穿上印有“中国”二字的球衣，站在对南朝鲜之战的主力强攻位置上，很神气，也很兴奋。这场球还真打得不错。恐怕连南朝鲜队也没想到，这个陌生的中国姑娘，强攻竟频频得手。她们以1:3 败在了我们的手下。

第二天，和日本队争夺亚运会桂冠时，我们仍然起用郎平。这场球，她却打“哑”了。和前一天判若两个人。我们0：3输给了日本队。

这场比赛是向国内实况转播的，比赛结果令人大失所望。回国后，收到了很多群众来信，有鼓励的，但更多的是批评。有些来信中语气还很不客气。我理解他们的心情，并不在意。我明白，要想有所得，必然会有所失。破格起用郎平，是需要付出学费的。不是说“常格不破，大才难得”吗？我们毫不犹豫地继续将这步棋走下去。

当时国际排坛上有眼力的行家已看出了这点，外电评论说：

“由于郎平的出现，中国女排水平将提高一大截”。后来的事实也证明了这点。

半年以后，我们访问日本时，郎平已成为主力队员，出现在每一场比赛中。

去日本，不用杨希用郎平，引起了不小反响。

因为杨希是日本观众最喜欢的中国女排队员。我们每次去日本访问，那些杨希的崇拜者，都会闻讯从四面八方赶来，比赛打到哪里，她们就跟我们到哪里。甚至组成“杨希接待委员会”，打着旗子，在观众席上为杨希加油。每次打完比赛，球场门口总是堵着一片黑压压的人群，等着看杨希，请她签名，和她握手。

就是这么一个倍受日本观众欢迎的杨希，这下倒好，被中国队一名新秀顶下来了，日本观众能不感到惊讶吗?!

可是，等比赛全部打完后，使日本观众感到更惊讶的是：

中国怎么冒出了这么一个颇具威力的新秀。

这次访日，中国队第一次取得了胜多负少的战绩（3胜 2 负）。日本报纸发表文章说："郎平——中国女排新兵器""郎平打乱了全日本女排的阵脚"。

不要一潭死水，要活水

体育比赛竞争激烈，技术发展快，淘汰性强。这就在客观上更要求你必须人才辈出。体育竞争，实际是人才竞争。

老运动员是一笔财富，教练员要充分重视老运动员，设法延长他们的运动寿命，发挥他们的作用。但也不应过分依赖老运动员，只相信老的，不用新的，新人则因得不到及时起用而受到压抑。运动员的"黄金时代"有限，有些人才就这样被耽搁了。相反，如教练员及时起用新人，不仅出了人才，对老的也能起促进作用，防止滋长满足感，激起他们再提高。

新人带来新技术，新人带来新的活力。新人辈出，才可能具有竞争能力。一个运动队，要想在激烈的竞争中，夺取胜利和保持胜利，在新老交替上，必须是活水，而不是一潭死水，要象流水一样，有出有进。事物只有不断地新陈代谢，才能不停地向前发展。

我执教期间，我们女排三次参加世界大赛，每次回来队伍都要进行更新，每一次大赛更换1/3左右，约3至5人。1981年世界杯赛后，出3老进3新；1982年世界锦标赛后，出5老进4新1老(朱玲)；1984年奥运会后出4老，进4新。

从主力阵容更换情况看，每次世界大赛，我们场上都有新面孔。每次都更换了2人，也是占1/3。

1981年第一次拿世界冠军时主力阵容是：孙晋芳、张蓉芳、郎平、陈招娣、陈亚琼、周晓兰。1982年世界锦标赛第二次拿世界冠军时，副攻位置和副接应位置各更换了1人。由梁艳顶替了周晓兰、郑美珠顶替了陈招娣。1984年奥运会第三次拿世界冠军时，二传手和另一个副攻进行了更换，由杨锡兰顶替孙晋芳，杨晓君顶替陈亚琼。这样，两次世界冠军拿下来后，副攻、副接应和二传位置全部进行了更新。

四年内三次夺取世界冠军，主力强攻始终没换人，这个情况比较特殊。这是因为张蓉芳、郎平技术十分过硬，并不断有创新。在世界排球史上，一个运动员能连续打三届、四届世界冠军的主攻，恐怕还没有过。

每一次世界大赛，主力阵容更换1/3，这样的流动是比较合理的。既保持了一个高水平队原有的好技术、好战术，以及在大赛中所积累的经验，又揉进了因⅓的新人而带来的新技术、新战术，使整个队发生了新变化。这也是我们女排能不断前进，保持不败的重要原因之一。

关键时刻，非搏不可

这些年来，每次世界大赛归来，我们都要收到许多读者来信。最多的是1981年第一次拿世界冠军时，全队共收到好几万封来信，郎平、孙晋芳、周晓兰等主力队员收到的信，都在四位数以上；我也收到了几千封来信，装了几纸箱。

来信其次多的是，1983年我们输给日本队之后，每天观众的来信，也是一大摞、一大摞的。这次来信的内容更多的是鼓励、担忧和建议。不少观众给我写信，忧心忡忡地问我：女排这么“大换血”究竟有没有把握？……

1982年世界锦标赛后，五员老将引退，是这些年来，我们人员变动最大的一次，而且，这五员老将中，有四人都是建队之初的元老，当时我们这么做是冒了比较大的风险。因为，那时的世界排坛是中、日、美三强鼎立。1981、1982年两次世界大赛，日、美女排都“摽”着我们，要拿冠军，结果没拿到。现在她们队伍更新都完毕了，日本女排正处于“上升期”，美国女排正处于“成熟期”。刚巧可以把打败中国的希望寄托在我们队伍的“大换血”上。日本女排山田重雄教练说：“听到中国女排五员老将引退的消息后，好象是从黑暗中看到一线光明。”美国女排教练塞林格也说：“打败中国队夺取世界冠军的日子为期不远了。”

没想到，山田重雄的话说出不久，我们便以0:3惨败给他们。输球回来，队员们的情绪降到了最低点。看了队里的现状，想想奥运会的任务，我心里也不好受。每天训练，往队员面前一站，过去熟悉的面孔少了，总好象缺少一种扭转困境的“依靠感”。读着观众的来信，我也曾问过自己：队伍这么大面积更新，究竟合适吗？……

当时，我们为什么一下子要换五个人呢？

其实，这五个人中，有三个是可换的，有一个是可换可不换的，有一个是该留下的。如果把孙晋芳这个可走可留的人，留下，不再打主力，当个替补，完全是可以的。这样也许更保险些，但是对快出新人并非有利。

大器晚成的陈亚琼，打世界锦标赛时技术正处于顶峰，完全可以再打一届世界大赛。下来后就让她走，是可惜了，可是她确实有具体困难，一是有伤，二是她的家人全都在香港，对象等着她结婚，如硬将她留下来，也确实有点难为她。所以，我们咬咬牙，也决定让她离队。

我想，1983年刚好是世界大赛的轮空年，可以赢得一年半的时间培养新人。冒点风险，也许更能逼着自己快快培养出新人。这次如真能培养出几个人，还能为以后的大赛创造条件。风险中会有意外收获。干事业，有时也许就是需要下个“赌注”，搏一搏。

“大换血”以后，水平要下降，肯定会输球，这是我们估计到的。但我没想到会输得这么快，这么惨。这个0:3，使有些好心的观众写信劝我：让孙晋芳、陈招娣归队吧！也有人给我出主意：“把陈亚琼重新请回来。”我们理解大家的心情，但没有这么做。拿定了主意干的事情，我是不会轻易不干的。只求眼前之胜利，不谋将来之大战，从战略上讲，是一种失策。再说，这时离洛杉矶奥运会还有八个月，我觉得还有时间进一步培养新人，既然还有可能去作最好的争取，为什么不下定决心去争取呢?!经过反复做工作，我们全队终于都想通了。不后悔，坚定不移向前走！

现在，再回过头来想，倘若当时不搞“大换血”，把老队员都留下了，很容易搞修修补补、吃老本。加上这些老队员拿了两届世界冠军后，已精疲力尽，再把她们留下，有许多工作要做，其难度也未必小，并不轻松。这个世界冠军要保住，同样是很艰苦的。

不是秘密武器的秘密武器

在高水平的球类比赛中，有时一个精彩球，能让你记“一辈子”。1984年洛杉矶奥运会，中美女排决赛的第一局，打到14:14时，换侯玉珠上场发的那两个球，就是令人难忘的两个球。正是这两个球，使我们拿下了关键性的第一局，为夺取全场比赛的胜利奠定了基础。

赛后，记者们对这两个球给予很高的评价。当地一张华人报，以醒目的标题赞这两个球为:“侯玉珠珠落玉盘。”美国报纸发表评论说：中国队使用了秘密武器。

中国队有没有秘密武器?

赛前有记者问过我这个问题。我回答说：没有。所谓的秘密武器，是个适应不适应的问题，对方适应你的打法，就不是秘密武器；对方不适应你的打法，便就是秘密武器。我不知道我们队究竟哪些打法人家已适应，哪些人家还不适应。所以，我不能说我们有秘密武器。

关键时刻，侯玉珠发过去的球，对方连失2分。也许，从客观上讲，这两个球是起了秘密武器的作用；但是，从主观上讲，我们用小侯发球，早有打算，她发出的球也不是什么“创新球”，并非秘密。这样，侯玉珠实际上成了不是秘密武器的秘密武器。

我国古代思想家老子说：“有才不难，能善用其才则难。”教练员要真正做到知人善任，合理用兵，不容易。

我觉得“善任”的前提是“知人”，不知人，就不能“因艺受任”。使用侯玉珠是集思广益的结果，是建立在对小侯深入了解、正确认识基础上的。

侯玉珠是洛杉矶奥运会前半年，正式成为国家队队员的，1982年五员老将引退后，她曾来过国家队参加集训，后来又回省队。1984年初，为准备奥运会，我们在郴州集训。集训已进行到一半时，我们发动全体队员和教练一起，再想一想，全国各省市队中还有什么人可以用，可以组织到完成奥运会任务中来。

经过反复酝酿，教练员和队员不谋而合，都认为可以把福建队的主攻侯玉珠吸收进来。她强攻不错，可以进一步培养；她发球、防守、一传也比较好，还可以用她作为后排替补。

就这样，侯玉珠立即从福州来到郴州，投入战前准备。她一来，我们就把奥运会可能会怎么用她的意图告诉了她，使她在集训时，做到心中有数。除了跟队全面训练外，她还加练发球。

奥运会打响后，在小组预备中，我们就开始用侯玉珠换发球。第一场对巴西，换她上去发球，她紧张得动作都走型了，结果用力过猛，球出界很远。换下来时，她害羞地低着头，吓得想“躲”起来。

第一次参加世界大赛，在这种场合下紧张，是难免的。我没有责备她。我本来就是想让她上去体验一下气氛，并非这场比赛非要用她。我安慰她：没关系，适应适应，下一次再来。而后又帮她，一起进行了总结。第二天比赛，我们又换她上去发球，接连几场比赛都这么用她。为她创造条件，在实战中打出信心来。

中美决战那天，14平时，当我招呼陈招娣把侯玉珠叫到我跟前时，小侯的脸上很平静，再也没有打巴西时那样的神色了。我关照她：要大胆、仔细。她点了点头，就上了。

在奥运会结束后的总结会上，侯玉珠自己回忆这两个球时说：“当时我一点也不紧张，觉得象训练一样，很放松，很专心，只想怎么做发球动作。整场比赛结束后，我才后怕，想想这球我要是发坏了怎么办?!……”这说明侯玉珠当时的竞技状态很正常、很好。

如果在换人的一刹那，教练员想到：连打巴西队小侯都紧张得发失误，现在这么关键，这么重要的时刻，再换她，岂不会砸锅?!……那么，就不可能用小侯了。

能这么信任她，果断地用她，正是建立在平时和赛前，对小侯的充分认识和积极培养基础上的。

模棱两可，用人之大忌

“用兵不疑，疑兵不用。”这是军事家的经验之谈。

指挥官在战场上打仗，用兵犹犹豫豫，那是绝对打不出漂亮仗的。教练员用运动员，也不能瞻前顾后，模棱两可，想用又不想用。这样出不了人才，还影响大局。

1982年底，孙晋芳引退后，谁来接她的班？

这个人选的物色，事关重大。因为一个高水平的排球队，其战术水平的高低，很重要的一条是看二传手的水平。

我们在全国各省市队的主二传中挑选，没有马上能用的理想人选。经过反复观察、分析、比较，决定还是起用杨锡兰。杨子可不是打主二传出身，记得那时她在解放军队，一直是打副接应位置。放着那么多现成的主二传不选，偏偏要把一个副接应改成主二传用。时间有限，马上得派用场，又不允许你慢慢培养。这步棋这么走，一时，也不是大家都能理解的。

我们认为，虽然杨锡兰手上的基本功不够扎实，尤其是手指柔韧性和手感，离主二传确实还有一定距离；但是，杨子思路清楚，胆大敏捷，组织战术意识强，这是一种很可贵的气质。我们中国女排是以打快速多变战术为主的，更需要具备这种气质的二传手。

然而，起用杨锡兰并不顺利。1983年夏，香港超级女排赛，是杨子第一次在重要比赛中亮相。她打得不理想。接着，这年年底我们又在亚洲锦标赛上0:3输给了日本队。四年前，老女排夺来的亚洲冠军的金杯，得而复失，刚好失在杨锡兰当了主二传之后。

从日本返回北京，杨锡兰承受了很大的舆论压力。不少观众给她写信。有的毫不客气地说：中国女排要摔在你的手上；有的认为，杨锡兰是中国女排拿世界冠军的绊脚石。也有人给我写信说：你看错了人，赶快改变主意还来得及……

杨子哭了，说不干了。她想：这个主二传又不是我自己愿意当的，也许我继续打副接应会出来更快。我找她谈心，她气鼓鼓地对我说："谁有本事让谁干！"

我理解她的压力，她的痛苦。我知道这场球不是输在她一个人身上。主二传的位置从不胜任到胜任，需要有一个过程。认准了的事情决不能动摇。教练员一动摇，队员对自己就更没信心了。我对杨锡兰说：“杨子，我过去信任你，现在同样信任你。我相信你一定能练出来，能挑起这副重担。你一向很有主见，要正确分析舆论。人在压力面前能顶住，进步会更快。有点压力，就被压垮了，认为这个二传就是当不了啦，你服气吗？你不服气，我也不服气。接这个班，我们允许你有一个过程，如果一上来就顶上孙晋芳，这个主二传太容易当了……”

我们又要求队员们，现在谁也不要当面指责杨锡兰，对她只能多鼓励、多支持。同时，我们又进而帮助杨子分析，再上一个台阶，思想上要解决哪些问题，技术上要抓哪些环节。杨子见教练信任她，队友们理解她，还真想争这口气。

后来，遇到困难，有时也要淌淌眼泪，但委屈管委屈，练还真练。用她自己的话说：“这一年，我流的眼泪，恐怕比我从小到大流的眼泪还要多。”

所以，当奥运会实现三连冠以后，她哭得最“伤心”。人在胜利的时候，反而会立即想到最艰苦的时候。杨子想想顶过来多不容易啊！苦，总算没有白吃；“罪”，总算没有白受，情不自禁地越哭越“伤心”……

当然，这些年来，我们在用人上也不是百发百中的，有的看上了，也没能培养出来。譬如：从河北队来的李桂芝，我就没能把她带出来。这孩子身高1.86

米，比郎平还高，身体素质不比郎平差，动作也还协调，反应很快。我们曾把她吸收进国家队，也把她带出国，给她机会打比赛。1982年世界锦标赛归来后，我们带六老六新，去日本访问，她也被带上了。第一场比赛就安排她打，结果没打好，第二场仍让她打。经过一段时间的培养，也没“拔”出来。这孩子可惜掉了。也许她自己有责任，也许是我没能找到打开这把锁的金钥匙……

信任不可少，迷信不可有

干任何事情，过了头，有时会收到相反的效果。这就是我们常说的“物极必反”。

教练员临场指挥用人要果断，要相信自己想用的人。但是，相信不等于迷信。用人，到了迷信的地步，会坏事。迷信主力队员、尖子队员，这是临场指挥中，教练员容易犯的毛病。这方面我也有过教训。

曹慧英是我们队里的“拼命三郎”，被大家称为“练不垮的铁姑娘”，训练、比赛时，她可真有股泼辣劲儿。1976年唐山地震时，我们正在南京边训练、边打比赛。小曹的家在唐山，亲人们的生死杳无音讯。一般人在这种情况下，会支持不住。可小曹训练一次也没少。有时，想起这事，她也呆呆地淌眼泪，但马上又悄悄地擦干了，照样不声不响地苦练。

在腿没有受伤之前，小曹技术上也是全队拔尖的。1977年世界杯赛时，她一人夺得三个奖：拦网奖、敢斗奖、优秀运动员奖。

我很欣赏小曹的精神素质和全面的技术，所以大大小小的比赛都要用她，甚至她打得不好时，也没想到把她换下来。

1976年11月在香港参加世界杯预选赛，我们对朝鲜队比赛，这场比赛的胜负直接决定着我们的出线权，我们 2:0 领先，第三局的中局开始，曹慧英打得很不好，丢失不少球，我们在领先的情况下，输了。第四局我们又输了，小曹发挥不正常，一直没有扭转过来，可我仍没有换她下来，总想等待，等待她自己缓过来。第五局还让她在场上打，她打得依然不好，一直给对方追到9:9平局；坐在场下的队员都急了，有队员前来向我请战，我也没理她。最后，这场球虽然没有输，险胜了，可曹慧英始终也没扭转过来。

那天，我们男排坐在看台上，看我们比赛，直为我们捏一把汗。他们十分奇怪：为什么教练员不换曹慧英？

旁观者清，当局者迷。这次教训，给我留下很深印象。这以后，再也不迷信尖子队员了，就是郎平、孙晋芳打得失常时，该换的也照换。尖子队员一般较少失常，一失常，一时难以扭转，更需要及时换下场，清醒清醒。

对于这个问题，国际排坛上，教练员们的看法也不尽相同。有的教练认为，排球比赛就是比六个主力的水平，主力从头打到底，输了也心甘情愿。这么输，输得坦然。换了替补队员输，总觉得万一不换还有可能赢，因为一般来说主力的水平总比替补高。

也有些教练持另一种看法，他们提倡全员作战的思想。尤其是一些男排的教练这样认为：一个排球队，12个人应该都是主力，只有组成不同战术之分，没有主力替补之分。

我的看法是，不能只相信六个主力、只依靠六个主力。一个队起码要有八、九个具备主力水平的队员，这样才能做到有备无患。既可以根据不同对手，适当变换阵容；又可以在一、二个主力失常的情况下，换上其他人，同样保持原有水平。我认为，“全员作战”的思想是积极的，方向对头，但是要12个人都是主力，不现实，都是主力等于没有主力，实际效果未必会好。

镇定自若从何而来

记得我指挥中国女排打第一场国际比赛，是1976年6月12日，那是我当教练的第十二天，迎战来华访问的秘鲁国家女排。比赛一打响，我全然忘记了自己是一个教练员，就象自己在场上打球一样，进入了“角色”。嘴上不停地喊：×××这么打！×××那么打！比赛结束后，冷静下来，才意识到，这哪象教练在指挥啊，分明是在当运动员。连队员都开玩笑说：袁指导，干脆你自己上来打吧！

后来，随着比赛的增多，渐渐地从不适应到适应，临场经验逐步积累，当然，临场指挥需要经验。但我总觉得，临场时，教练员往指挥员位置上一坐，要做到镇定自若，很重要的一条是，充分的赛前准备。打有准备之仗，才能胸有成竹，临危不惧。

怎么做好大赛前的充分准备？

这中间是有一整套东西可总结的，也有规律可循。既有各项目共性的内容，也有本项目个性的东西。

赛前集训是任何队都要搞的，怎么搞法效果更好？

我们的做法是，把队伍拉到一个比较安静、偏僻的城市，关起门来，在没有干扰、专心致志的情况下，集中训练一段时间。我们把这种做法称为“封闭式训练”。实际上国外也是这么做的。美国在高原城市科罗拉多，设立了奥林匹克训练中心。有人参观过他们的运动员宿舍，房间内摆设很简单，连电视机也没有。每天，运动员都非常专心地训练。南朝鲜运动队是进行“军营式”训练。

“封闭式训练”，一切以完成大赛任务为中心，从技术、思想到心理，作全面准备。

首先从教练员到运动员，经过充分酝酿和讨论，共同寻找出，完成本次大赛任务全队需要解决的主要问题。注意必须抓住主要问题，而不是一大堆问题。技术上重点抓什么，思想上重点抓什么，要非常明确，非常突出。大赛来临，什么都想抓，面面俱到，平均使用力量，力气花不到节骨眼上，近期效果必然不显著。

譬如：为准备洛杉矶奥运会的集训，在技术上，我们主要抓了发球和战术配合。这并不是说别的都不抓了，而是突出这两项技术的位置。

为什么我们要提出重点抓发球？一是因为，这是我们的弱项，有漏洞。二是发球这一项技术，我们以往花的功夫还不多，有潜力可挖。三是因为那次奥运会我们的主要对手是日本队和美国队。日本队是以打战术为主的，我们球发好了，可以抑制她们特长的发挥；美国队身高马大，进攻实力强，如果我们发球攻击性不强，被她们稳稳当当地接起来，就要被动挨打，等于慢性自杀。

所以，我们下决心狠抓发球。集训期间，几乎每天保证一定时间练发球。比赛时，果然取得显著效果。据统计材料，奥运会我们发球得分名列第一。1981年世界杯赛时，我们发球得分是倒数第一。

这段时间的技术训练，更要从大赛的实战需要出发，进行针对性训练。一方面针对自己的特长和存在的主要问题练，争取扬长克短，另一方面针对对手的主要长处和短处，练取胜手段。

我们请陪打教练模拟美国队、日本队主要选手的打法，三天两头与“美国队”、“日本队”进行模拟比赛。打多了，对手的主要打法，也便深深地印进队员的脑子，正式打比赛时，就会产生“了如指掌”的感觉。

技术准备，光拼命苦练不行。必须包括透彻的技术分析。教练员要亲自抓技术资料的准备，根据大量技术统计数据，对主要对手进行定量、定性分析，反复观看技术录像，收集来自各方面的信息，准确把握对手的实力。然后，科学进行彼我双方实力对比，摆正自己的位置。俗话说：“知人者智，自知者明。”知己知彼，才能百战不殆。这一点非常重要。

每一次准备世界大赛，我们女排都有人手一册的技术资料，队员们经常翻阅，等到比赛前，这些资料，她们多已熟记。赛前，我们还要进行考试，每人先做一份从技术到思想的答卷。

考试不是形式主义的做法，确实能起到实际效果。比如，试卷上问：“13:13时，换你上去拦海曼的进攻，你该怎么拦?”如果在答卷上回答得一清二楚，在比赛的关键时刻，果真被换上场后，这道早已做过的题目，就难不倒我们的队员了。朱玲就有这样的体会。她说：我一上场，就对上了“号”，该怎么拦，心中有数。

大赛前的思想准备，也是重要的一环。技术准备充分了，思想问题没很好解决，带进大赛，打不了硬仗，打不了恶仗，费了力气，得不到好成绩。每一次参加世界大赛，我们都比较重视思想准备。1981年世界杯赛重点解决了对苏比赛的自信心，和解放思想巧夺桂冠的问题，1982年秘鲁世界锦标赛重点解决了战略上藐视与战术上重视的问题。在奥运会前的集训中，重点解决了两个问题。一是信心问题，认识自己的力量；二是，捏合问题，加强新老团结。

正因为奥运会前的思想准备比较充分，所以到了洛杉矶，小组预赛受挫后，大家没有丧失信心，决赛时仍然充满必胜的信念。如果赛前信心问题没解决好，遇到困难，对胜利恐怕就会产生动摇，最后决赛，不可能发挥得那么好。

在提高应变能力方面，赛前准备，同样十分重要。前亚洲排联主席前田丰说：中国女排如不解决吃西餐、午睡和坐车问题，就拿不了世界冠军。这话，指出了我们的症结所在。

我们的运动员离不开中国餐，出国比赛箱子里塞满了中国食品：什锦酱菜、酸辣菜、榨菜、凤尾鱼、烤夫、方便面等等，东道主准备了很丰盛的西餐，我们的运动员一走进餐厅，就皱起眉头，吃不上几口，便溜回房间吃自己的“小灶”了。有的队员甚至带上小电热杯和大米，熬起稀粥喝。

比赛一紧张，体力消耗大，食欲减退，这是可能的。可是，这样的营养补充，怎么能保持充沛的体力参加激烈的比赛?!所以，平时必须磨练出吃西餐的本领。集训期间，我们常常让食堂，特意做西餐给队员吃。不想吃，也得强迫自己吃。有的队员尤其是出生在南方的队员爱偏食。吃饭时，我们教练就坐在她们旁边，一起吃。你加盐也好，加糖也好；加醋也好，辣也好，反正这点菜得吃下去。为此，杨晓君还掉过不少眼泪呢！

爱午睡的习惯，晕机，晕车的“毛病”，也必须克服掉。世界大赛，有的场次有时被安排在中午进行。平时睡惯了，赛时，瞌睡难免不作祟。世界排球大赛还常常采取“拉练式”的赛法，在一个国家，几个城市易地而战，更需要具备坐飞机、坐汽车的适应能力。有的队员一坐车头就晕，有的一次长时间坐飞机，几天也缓不过来，打比赛时还似“腾云驾雾”。

怎么办？只能自找苦吃，靠平时自己折腾自己，来培养适应能力。吃过午饭，坐上大轿车，到外面兜上一大圈，然后拉回排球场训练。出国比赛，即使飞往大洋彼岸，十几小时飞机坐下来，到了下榻旅馆，放下行李后，稍事休息，就去练习馆训练。过去我自己当运动员时，坐飞机也晕，那个狼狈相就不用说了，后来发现，自己心里越犯嘀咕越晕，相反，你不当一回事，晕也坚持训练，练练反倒好得快。实践证明，积极主动地去适应环境更符合科学。

1980年，我们去美国访问，第一站是斯普林斯，那是一个海拔较高的高原城市，到了目的地，安放一下行李，就去训练馆练，全队12名运动员中有8人因时差和高山反应都吐了。我们向管理员要了两个塑料桶，放在场地两侧。运动员吐了再练，练完了又吐。几个美国人扛着大录像机，想来拍摄中国队训练，到场地一看这情景，大为惊奇，只好扛着录像机走了。翌日，当他们再来训练场地时，我们的队员一个个又生龙活虎了。

姑娘们坐车、坐飞机的适应能力硬是这样磨砺出来的。

运动员过不了裁判关也拿不了世界冠军。如果两队实力相近，那么排球裁判的作用往往非同小可。谁的主裁，对谁有利。这就无形中给运动员造成了一种依赖自己裁判的思想。为了解决这种思想，所以，平时出访比赛，我们经常不带裁判，准备挨人家裁判的

“整”。在挨“整”的情况下胜球，对运动员锻炼才大。能培养他们的承受力。正式比赛再遇到这种情况就不怕了，所以1981年世界杯赛，场上出现裁判误判时，我们的队员能表现出落落大度，既不计较又不受其影响与干扰，并做到面带笑容，自己举手向裁判示意。这种风度受到好评。

“拧”着来与“顺”着来

体育比赛中，运动员的思想问题和心理问题，常常会掺和在一起。思想问题解决了，心理状态当然会好一些。但即使思想问题都解决了，也还有个心理调节问题。

有的运动员还没打比赛，就盼打比赛，半个月前就开始兴奋，控制不住自己；有的运动员轻易刺激不起来，比赛临近，仍处于抑制状态，这两种心理状态都不理想。过早兴奋，到了比赛时，要么过分紧张，要么反而紧张不起来了。过晚兴奋，精力集中迟，容易心理准备不足，比赛中一遇到问题，会突然紧张起来，心理失去平衡。大赛时比较理想的心理状态是，保持适度的紧张。

教练员要帮助运动员调节心理。一般来说，大赛任务重，运动员压力大，心情容易烦躁。出现这种情况时，教练员就要故意帮助他们暂时转移一下目标，放松放松。如果运动员心里烦，教练员也跟着烦，说话再“冲”一点，那么就会加剧运动员的不平衡心理状态。

平时训练，教练员和运动员有时需要“拧”着来，那是为了磨砺他们；大赛时，教练员就要和运动员“顺”着来了，尽量帮助他们把各方面都理顺。

大赛期间教练员的情绪应比平时更沉着、和蔼。即使处理一些小事，也要注意说话语气。比如，晚上为了检查一下各房间是否已熄灯睡觉。打电话时的口气可以有两种，一种是直接了当地问：“睡觉了吗？怎么还没熄灯，明天怎么打比赛！快熄灯！”还有一种是婉转地问：“怎么样啦，睡了没有？该熄灯了，明天还有比赛呢，好好睡一觉吧？……”两种说法，效果会大不一样。

平时，运动员对教练员说话的口气恐怕不致于那么计较。大赛期间，心理反应特别灵敏，他们会感受得异常清楚。你说话稍不注意，语气重了，他就会感到不愉快。你说话软一点，亲切一些，他就会感到特别舒心。假如第二天早上你再问问她：“昨晚睡好了没有啊？”，她更会感到高兴，她觉得教练员在关心她。这办法不是哄她们，而是调节良好心理的一种手段。

大赛期间的训练，以及比赛开始前的准备活动，也要尽量搞"顺",这时就不是出难题的时候了。打接应,不要一下子就又狠又难,使她们接不起来;给球,不要乱七八糟,使她们感到别别扭扭的。要先易后难,让她们一开始就练得顺顺当当的,觉得今天自己的竞技状态很好。

运动员的心理,有时会蒙上一些具有"迷信色彩"的东西。她们也明明知道这是唯心的,不可信,却又不肯丢掉。这些东西如果无碍大事,也不必硬要他们驱散掉,否则会破坏她们的心理平衡。比如:打某一场比赛开准备会时,大家的位置是这么坐的,结果赢了;下一场打比赛开准备会时,她们就默契得也非要这么坐。再比如,上次和某某队打比赛时,我们是先坐在场子左边的,结果赢了;这次和她们打比赛,就一定也要先坐在左边。这些事,简直是个玩笑,可有的队员却象个孩子似的,真当回事儿。那么,你也就别管她,只要能做到就顺着她们。

教练员也不可能一味地什么事都顺着运动员。不能顺时,就要把工作做在前,以免"不顺"成为心理障碍。1981年世界杯赛,我们对美国队,是穿蓝球衣胜的。这以后,和美国队较量,我们的队员就都盼望穿蓝球衣。这一点,可没法完全顺着她们。因为比赛时,双方各穿什么球衣,是要通过抽签来定的。运动员这么迷信蓝球衣,万一我们抽不到穿蓝球衣,岂不有可能成为一种心理障碍。

果然，美国队也迷信上了蓝球衣，也要穿蓝球衣。我们就此给队员做工作，分析美国队出现这种心理，实际上是怕穿红球衣再输球。如果我们让她们穿蓝球衣，自己穿红球衣，再赢了她们，那么以后她们穿红、蓝球衣岂不都感到别扭吗？大家都想通了，不再计较一定要穿什么颜色的球衣了。

奥运会决赛时，美国队坚持要穿蓝球衣，我们就放弃抽签，主动让她们穿蓝球衣。结果我们穿上红球衣，照样赢了她们。从此，在这个问题上，蒙在队员心上的迷信色彩，自然便驱散了。

有的运动员，别的“关”都能过，就是不适应观众。观众一喊一叫，或是慌了手脚，或是心烦意乱，该打好的球打不好了。这中间也有个心理调节的问题。

我们总是跟运动员说，不管观众怎么叫喊，你们只当是为你们加油。这里需要有一点阿Q精神。1982年世界锦标赛美国队输给秘鲁队，一半是“砸”在观众手里。那天我们打胜日本队后，将全体队员留在场内观看美国队和秘鲁队的比赛，让大家在心理上适应一下气氛，第二天我们打秘鲁队时，尽管秘鲁观众也使出了这一招，我们的队员心理状态一直很好，没受干扰。

无巧不成书。从1981年到1984年三次世界大赛，世界冠军的争夺战，都是我们中国队和东道主之间的争夺，在天时地利人和都有利于东道主的情况下，我们夺得了桂冠，这说明队员们经过平时的磨练，已经具备了相当的应变能力。

指挥语言的奥秘

在排球比赛中，教练员向运动员布置作战意图，进行临场指挥，主要通过暂停，直接面授。每次暂停只有30秒。每局球每一方可以暂停2次，把双方暂停都用满了，每一局球，教练员最多也只有2分钟的时间面授机宜。在短暂即逝的30秒里，如果教练员能艺术地运用指挥语言，那将大大提高指挥的质量和吸引力。

有一位运动员曾对她们教练的临场指挥，尖锐地表示不满，她说：在比赛中，我无需看记分牌，只要看看我们教练的脸，就知道了。他的脸就是记分牌。

如果这个教练员临场指挥时的表现，果真象这个运动员所说的那样，那这样的指挥比没有指挥还糟糕。

我最反对比赛时，队员一打不好，教练员就翻脸，甚至训斥队员。这只能表现教练的无能。教练员发脾气，常常是在场上遇到困难时，这时，运动员本来已很着急，头脑就不清楚了，你再一骂，只会输得更快。

场上不管出现什么情况，教练员都要控制住自己。形势越危急，越要沉着。用不急不躁的语言向运动员布置作战意图。使运动员从教练的表现中受到感染，从而冷静地面对现实。

运动员打得再差，教练员也不能骂队员，最好连一些语气比较重、指责性的话，临场也不说。什么“怎么打得这么乱！”“老毛病又犯了！”“这球怎么扣的?！”“我早就说了，为什么不贯彻！”……等等，这些话说了也解决不了问题，反而有可能将运动员的情绪破坏，甚至搞对立。

一个教练员的临场指挥水平，主要表现在：顺利时能抓紧战机扩大战果，夺取胜利；落后时，能抓住转机，化险为夷。这就要求临场指挥语言能抓住场上的主要问题，简明扼要、击中要害地向运动员布置解决问题的办法。

现在临场指挥容易犯的毛病，一是“胡子眉毛一把抓”，暂停时，什么都说，就是说不到点子上；二是，出不了好点子，尽说一些常用的、抽象的、一般性的话：“好好打！”“加油！”“没关系！”“抓紧一点！”“不要放松！”等等。说来说去是这些，运动员听过没听过一个样，留不下什么印象，引不起什么重视。

临场出点子的语言，必须重点突出，具体明确。譬如：现在场上就是要抓一传和拦网，那就不能一般性讲讲："要注意一传""要加强拦网"。怎么注意一传？怎么加强拦网？要讲得明确具体："现在一传站位要往里夹一夹""拦网放第一下，拦第二下"……这样，运动员一下子就听进去了，马上见诸行动。

临场指挥很重要的一条是，要调动运动员的情绪，鼓舞他们的士气。凡遇到这种情况时，教练员的语言应该亲切一些，幽默一些，有力一些。

1981年世界杯赛，中美决战快开始时，裁判哨声一响，全场顿时安静下来，几千双观众的眼睛和电视镜头，刹时都注视和对准了我们。空气好象有点"凝固"。这时，在仅有的30秒里，该给运动员说些什么呢？是再重点讲一下打法？还是提一提思想作风上的要求？我想了一下，这两方面的话都没说，只说了这么几句话："你们平时吃了那么多苦，哭了不知多少次，都是为了今天，现在，是你们发挥的时候了，希望你们打一场轻松的球，愉快的球！"姑娘们笑了，绷紧的弦，稍稍松弛了一下，冲淡了紧张的气氛……

当然，这也不是说教练员临场指挥时，只能说好话，只能鼓励，不管出现什么情况都不能批评了，如果运动员作风上出了问题，无疑当场就得批评。还有临场遇到特殊问题，运动员出现明显"失控"现象时，那就需要教练员用刺激性语言“猛击一掌”，使运动员清醒过来。

1981年世界杯赛，最后一场比赛，中日之战时，我们的队员就曾出现过“失控”现象。由于我们前面的比赛都胜了，日本又已经败给了美国队，所以，这场比赛我们只要胜两局，就意味着已经登上了世界冠军的宝座。我们的姑娘毕竟还没有尝过世界冠军的滋味，第一、二局轻松地赢下来以后，高度的兴奋使她们不知道怎么支配自己的行动了，思想竟一下子难以集中起来。真有点象灵魂出窍了。球，忽然打得毫无章法，和前面相比，简直成了两个队。

日本队因为前面两局已输，反而放开手脚打了。大有拿亚军也要把你冠军赢下来的架势。第三局我们以12：15输了，第四局又以7：15输了。几次暂停，我一再给队员们指出问题，想帮助她们挽回局面，却不见成效。而对方越打越顺，越打越“疯”，出现难以招架之势。

2：2中间休息时，我火了。但没有骂她们，也没有大声嚷嚷，而是用非常严肃、沉重的语言对她们说：“要知道，我们是中国人，你们代表的是中华民族；祖国人民在电视机前看着你们，要你们拼，要你们搏，要你们全胜。这场球不拿下来，你们要后悔一辈子！”

由于太激动，我眼睛都红了，说话时嘴唇都有些颤抖。这语气，这表情，也许姑娘们从来没见到过，她们呆呆地望着我，一个个好象突然“醒”过来一样，这才意识到问题的严重性。第五局终于恢复了常态，使出了全部解数，才以17：15险胜，结束了这场扣人心弦的戏剧性比赛，赢得了世界杯比赛的胜利。

智斗从预测开始

每次带队伍出去打大赛，我都喜欢熬夜。夜阑人静，运动员都睡了，总习惯把明天比赛可能发生什么问题，再仔细地想一遍，尽可能将方方面面、边边角角的问题都想到家。事先考虑到的问题，容易想得深化，总比临场遇到后再想，要好得多。

凡是预则立，不预则废。教练员最怕比赛时发生事先一点也没想到的问题。1982年秘鲁世界锦标赛，小组预赛，我们0：3输给美国队这场比赛，打成这副样子，出现这个结局，是我事先一点儿也没有想到的。

比赛后的总结会上，队员们说：这场球主要输在，我们自己想赢怕输，对美国队实力又估计不足。赛前，队员们对战局的预测是：这场球如果我们打好了，能3：0胜；打不好，顶多是3：2胜。错误的预测，导致了场上出现困难时，措手不及。

我虽然没有象队员那样预测，但也没有想到会输。当临场出现意外情况时，思想上也有些准备不足，指挥显得无力。

准确的预测，必须建立在科学分析的基础上。这场球，对方可能摆出什么阵容，打什么战术，可能会出现怎样的战局，结果会怎样……一步步分析都要有根有据，而不是胡乱猜想。

兵不厌诈。和老对手较量，怎么采取变化的打法，这中间预测很重要。

我们分析了多年来日本队打我们的站位法，以及她们打别的队的站位法，从中摸索出了我们打她们的最好站位法。打别的队，一开始我们站位总是让郎平站在前排，先从四号位打起，发挥她的进攻威力。打日本，我们却让张蓉芳先站在前排，从四号位打起。这样站位，刚好对方有两轮半只有两点进攻，而且，二号位进攻较少。这样，个子较矮的张蓉芳，拦网负担就可以轻一些。等到郎平转到前排时，对方网前三点进攻，郎平就可以多发挥些拦网的作用。同时，我们还准备第二方案，如果遇到临场日本队根据我队变化而变化，我们也准备好了应变的办法。

我们研究了美国队的站位法。美国队和日本队恰恰相反，站位总喜欢变化，而且老是人变他也变。于是，我们就来了个将计就计，让她们跟着我们变，等她们变了以后，我们再变回来，想方设法让身材较矮的张蓉芳避开大高个的拦网，争取多些机会从美国队的小个儿格林头上打下去。实际效果很好。

1983年香港超级女排赛，是对我们“大换血”后队伍的第一次检验。第一场我们以3:2险胜美国队。比赛中，郑美珠不慎脚扭伤。第二场要胜日本队，形势比较严峻。赛前，我们作了种种预测，设想了多套阵容。我估计到新二传杨锡兰与副攻的配合可能会出现一些问题。万一情况很糟，那么就让张蓉芳去打副接应位置，起用新秀姜英顶张蓉芳的四号位。这样，实际上是用了三个主攻手，强攻可以充分发挥作用。

赛前，我把这个设想告诉了张蓉芳，让她作好思想准备。

中日比赛，场上果然出现了我们预料的情况，第一局日本队就以15:7胜了。第二局一开始，我就按赛前的设想，起用了姜英，让张蓉芳改打副接应。场上局势立即发生变化，我们很顺利地扳回了一局。全场比赛姜英发挥得很好，我们以3:2夺得胜利，赢得了香港超级女排赛冠军。

较量在洞察中进行

如果说，体育比赛中，对手之间的争抗，是从预测开始的。那么，各教练员之间真正的智慧较量，是从临场的洞察开始的。

观察是智慧的能源。现代生理学家做过这样的科学统计。一个人全身共有四万多条神经纤维向大脑中枢传递信息，而人的双眼就占其中的二分之一。人百分之八十以上的知识是通过观察获得的。人类进化论专家达尔文说:“我既没有突出的理解力，也没有过人的机智，只是在精细观察的能力上，我可能在众人之上。”生理学家巴甫洛夫认为:“一个人应当先学会观察——不学会观察，你就永远当不了科学家。”他把人能否“观察”,作为成功的首要条件。

智慧常常来自观察。观察是使用频率最高的一种创造性的能力。教练员临场指挥，首先需要有一双善于观察的眼睛。体育比赛竞争激烈，风云变幻。面对稍纵即逝的战机，有没有洞察能力是至关重要的。教练员不是观众，不能跟着球看热闹，而要看出明堂，指挥战斗。

一个排球教练员，进行临场指挥时,不仅仅是“眼观六路”的问题，而是既要眼观本方六个队员，又要眼观对方六个队员。既要看双方的技术、战术发挥得怎么样，又要从观察双方队员的情绪和动作中，分析她们的思想与心理。对方的战术一有变化，教练员马上就要敏锐地洞察出来，指挥本方队员，应变而变。

要及时洞察出对方出现的漏洞，引导本方队员乘虚而入。

教练员的洞察能力不仅要表现在看出问题，而且会准确的分清问题。眼前场上出现的究竟是思想问题，还是技术问题？必须洞察得清清楚楚。运动员的临场表现，常常是思想左右技术，技术影响思想。思想问题和技术问题搅和在一起。这时，教练员就要经过细致观察和思考，拿定主意，是思想就思想，是技术就技术，果断解决。

现在有些教练员临场指挥，往往容易简单地将技术问题与思想问题混为一谈。好象球打不好总是思想有问题，要不就是意志不行。这样的临场指挥，对运动员帮助不大。

我在指挥女排打大赛时，临场暂停，绝大部分时间是讲技术、战术和心理问题，把自己观察到的情况告诉队员，在此基础上给她们出些主意。洞察准了，自己认为出的主意很有把握，就吩咐她们一定这么贯彻，1984年，我们在苏联参加四国邀请赛和美国队比赛时，杨锡兰、侯玉珠发的远距离平冲球，威胁力很大，可美国队一个个都接得很好，看得出，接这种球，她们有思想准备，已经很适应，我立即叫暂停，让杨子改发近距离网前“菜”球，突然的变化，她们不适应，反而接不好了。破坏几个以后，再发远距离平冲球，把她们接一传的节奏打乱了，情绪也受到了干扰，效果不错。

在临场指挥时，如果洞察准了，发现临场确实主要是思想问题。那么，暂停后就重点解决思想问题，不要思想、技术什么都谈。1982年秘鲁世界锦标赛，由于我们在预赛时输给了美国队，决定了我们在后面的比赛中，必须场场以3:0获胜，否则夺魁无望。中苏之战，形势严峻，我们拿下两局后，第三局争夺异常激烈。打到12：9时，苏联队一分一分地往上追，13：12，我们就是拿不下来。场上队员一个个紧张得拉长着脸，就怕被她们追上来，这一局输掉，将前功尽弃。

我接连两次叫暂停，不和她们谈技术，就是帮她们松弛思想。我对她们说："我现在不跟你们讲别的，只要求你们笑一笑，笑着去拿下这最后的2分。"她们回答我说："都什么时候了，还让我们笑，怎么笑得出来?!"我说："你们现在急于求成，打得太拘谨，人家每得一分，就象挖掉你们身上一块肉一样。你们平时一个个那么淘气，那个劲到哪儿去了，现在拿出点那个劲儿就什么都有了。"这一说，把大家逗乐了。我一提醒，使她们感到只有放松去打才行。紧张心缓和之后，最后2分终于很快拿下来了。

教练员还需要具备善于从局部洞察到全局的能力。要站得比运动员高一层，分析问题，指挥战斗。1984

年 6 月16日，我们在北京迎战来访问的古巴队。第一、二局古巴队打得非常出色，发、拦、扣等特长，得到了淋漓尽致的发挥，我们连丢两局。第三局开始，我对队员们说：前两局古巴队的优点都发挥出来了，但她们还有弱点没有暴露。估计她们第三局会犯求胜心切的毛病。这几年，她们一直盯住我们想赢，没赢成。定会认为今天是个非常好的机会。太想赢，会急躁，只要我们能顶住，她们就有可能出现波动。我们要抓住转机，不慌不忙地打，只当是第一局刚刚开始。姑娘们按教练的意图去做，场上形势果然按我们的意志转化了，古巴队越打越急，越急越乱，越乱越失误，第三局我们一口气以14:0领先，最后以15:1取胜，第四局又以15:0再胜，等古巴队清醒过来，已经连失掉了两局，第五局她们的情绪平静了一些，双方打得都正常，最后我们以15:9获胜。这场比赛第一、二局我们打输时，观众很不满意。有的小青年还在场外骂："女排臭大粪！"我们理解他们的心情，没有生气。我们连赢三局，反败为胜后，他们又大声赞扬我们："女排好样的！"队员们感到很高兴，同时，也更加坚信，一场比赛不管出现什么情况，只要自己能稳住阵脚，不乱，并能适时抓住场上出现的转机，审时度势，就有可能变劣势为优势。

胜负在决策中见分晓

洞察是决策的基础，没有准确的洞察，不可能有正确的决策；可是有了准确的洞察，未必一定产生好的决策。富有成效的决策，需要魄力和智慧。

排球比赛制约与反制约的争抗，互相牵制大。现代排球，战术运用越来越广泛，场上局势瞬息万变，更需要教练员具备在复杂战局中果断决策的能力。

这些年来，我带队打了大大小小，国际国内的比赛数百场。每一次临场指挥，都仿佛是在接受一次考试。往教练位置上一坐，总好象走进了考场一样。

这种临场指挥的考试，还都是闭卷式的。一道道试题需要在瞬间作出回答。做这张答卷的只有一、二个人，监考的有无数人。不能紧张，不能慌乱，做错了还不能改。然而，正是这种特殊的考试，一次次磨砺了我，提高了我。

一般比赛和重大比赛，有奖牌的比赛和无奖牌的比赛，临场指挥所承受的压力大不相同。最能考验教练员决策水平的时刻是：重大比赛时，在决定名次的关键场次中，当场上争夺势均力敌，难解难分时，或者场上出现惊涛骇浪、危在旦夕时。这时，如果临场指挥能作出一个正确决策，那么有可能起到改变局势的作用。

正确的决策来源于知己知彼。它建立在对客观实际准确分析的基础上。1981年世界杯赛中苏之战，第一局我们赢了。第二局，失利后的苏联队，稳住了阵脚，技术发挥得很正常。我们的队员反倒开始紧张了。因为三年来我们和苏联女排之间没有较量过，1978年的世界锦标赛我们是0：3输给她们的。而且过去我们国家队从未胜过苏联国家队。所以，第一局虽然我们以15:4轻取，队员们脑子里还不太相信这个事实，心想，大概对方的技术还没发挥吧，过去长期吃败仗而带来的阴影又在作祟了。

我看出了这个问题，0：3时叫了一次暂停，对大家说："我们一定要相信自己的实力，相信我们是能够战胜她们的。"可是这些话队员们没有听进去。0:6时，我就把第二次暂停也用完了。局势仍在恶化，姑娘们越打越紧张，动作也有点僵硬了。眼看着苏联队还在长分，一眨眼0：9了。我心里明白，如果场上局势不扭转将会带来很坏的结果。这可是一场关键之战，打好打坏对整个战役在精神上、士气上，都会起不可估量的作用，弄不好就会在这儿翻船。

我想，现在不是考虑什么打法的问题了，现在场上需要一样东西，需要一种精神，需要一种能够冲破僵化局面的斗志。我决定立即把曹慧英换上场。

小曹被叫到了我的面前。我没有向她交待技、战术问题，只给了她一个任务:“希望你把士气带上去，把斗志带上去，要敢打敢拼!”

此时此刻，换小曹上，是有考虑的：一方面因为小曹是我们队里的“拼命三郎”,是兴奋型、勇于拼搏的姑娘；另一方面是因为，她没有参加过三年前对苏联的那场比赛，没有0:3失利的“阴影”，心头没有“鬼”,不怕苏联队。再说,她技术全面、比赛经验丰富，是队里的老大姐，一直是核心队员，能带动大家，有感召力。虽然她因病离队一段时间，好久没与大家进行技术配合,练习时间少了,但她是能上去冲破困境的唯一合适人选。

受命于危难之时的小曹，带着一身锐气,上去了!她真是好样的，从前排二号位拦网到后排发球、防守，频频得手，连续使比分长了7分，把场上一潭死水带活了，顿时摆脱了非常压抑、难熬的困境，扳回了这一局。搞得对方一厥不振，第三局竟然一分不得，输了个0:15。

如果当时不果断地作出换小曹的决策，也许还会“卡壳”下去，整场比赛的局势，恐怕很难预料了。

临场指挥中的决策，常常产生于一瞬间。需要果断，需要魄力，更需要忘我。无私才能无畏。教练员临场指挥时，应该有一种如入无人之境的感觉，全神贯注进入“角色”。切忌把“我”带入比赛。如果临场指挥夹进了私心杂念，那是不可能果断作出决策的。

1984年奥运会中美决赛第一局，换侯玉珠上去发球时，倘若我想的是，万一她发球失误了，那我怎么向电视机前亿万的观众交待啊。那么，很可能就不敢换侯玉珠了。

1982年世界锦标赛小组预赛，我们输给美国队之后，在下面比赛中该怎么用人的问题上，曾有过一些不同看法。我经过深思熟虑之后，决定还是按自己的考虑去做。如果当时想到：万一不成功，后果会怎样？那么，就没法用人了。

在节骨眼上，果断决策，必须完全排“我”，豁得出去，怎么有利，怎么干！

是指挥，也是心理战

国内外一些心理学专家都认为：运动员比赛的成功率，百分之七十属于其他方面，百分之三十应归于心理。一个高水平的运动队，既要在平时充分重视心理训练，也要在比赛时，学会运用心理学研究问题。

体育比赛，是比双方运动员的临场发挥；也是比双方教练员的临场指挥。运动员的临场发挥有个心理因素的问题，教练员的临场指挥有个心理战的问题。

国内外有些教练员心理学学得很好。他们常常运用心理学思考和处理一些问题。一般教练最不喜欢在赛前接受记者采访。不过有些体操、跳水项目的教练，却乐于在赛前介绍自己的运动员，甚至带有一点“吹”的成分。这是为了扩大队员的知名度，争取裁判的印象分。

篮、排、足等集体比赛项目，赛前虽不愿意透露军情。但也有的教练特意发表一些预测性的看法，以迷惑对手。我们女排拿了世界冠军之后，每次大赛之前，总能看到这样的报道：××国家教练说，我们已经有了一套很好的战术，准备打败中国。或者我们已找到了秘密武器，准备3：0胜中国……有的评论，看起来是客观评球，实际上，真真假假、虚虚实实，夹杂着“心理战”的需要。

怎么安排大赛前的热身赛，什么比赛参加，什么比赛不参加；参加了是留一手好，还是全盘托出锻炼自己好。这就要研究心理。

1983年在亚洲锦标赛上，我们输给日本队后，1984年日本邀请我们去日本打访问比赛。我们没有答应。因为我们刚刚在日本福冈0：3输给日本队，再去，天时地利人和都是属于日本队的，万一再输一场，就容易把我们队员的信心打掉。

我们邀请日本来中国打比赛，她们也不愿意来。

恐怕也是怕万一在我们这儿输了以后，把她们刚刚从胜利中建立起来的信心破坏掉。可是，日本又很想与我们再碰一下，把她们已取得的胜利再巩固一下。我们也想与日本队较量一下，因为在奥运会之前不与日本队碰的话，队员将带着“？”去洛杉矶。那时日本队打美国队很有把握取胜。

我们说：“听说苏联要组织一次邀请赛，我们想去那儿。”日本队说：“你们去，我们也一定去。”

就这样，在洛杉矶奥运会开幕前，我们去苏联参加了四国邀请赛。这是奥运会前的“热身赛”“前哨战”。我们去的目的是检验自己，了解对手，打出信心，为奥运会作准备。

这次比赛由中国、美国、日本、苏联四强对抗。比赛共打两轮，四强各交手两次。第一轮安排在拉脱维亚首府里加。第一、二场比赛我们胜了美国和苏联队，日本也胜了美、苏。第三场由中日交锋，争夺第一轮比赛的桂冠。

这次邀请赛日本去了一支浩浩荡荡的队伍，一个团长、三个教练、六个陪打，二十几名队员，外加电视台和报刊的不少个记者。派出这么庞大的代表团，这是过去没有的。

1983年底，亚洲锦标赛上，日本女排以3：0战胜中国队后，使日本女排重登奥运会最高领奖台的想法，有可能成为现实。因此，这次邀请赛，特别是中日之战，引起了排坛和新闻界的关注。

日本富士电视台专门安排了这场比赛的实况转播。日本队大有再胜中国队一场的架势。谁知，比赛结果却是我们回敬了她们一个3：0，我们夺得了“里加杯”。

夺得了“里加杯”之后，尤其是战胜了半年前在福冈刚刚输过的日本队后，我们犹如吃下了一颗“定心丸”。我看到，这时队员们的士气非常高涨，大家真正感到了：经过苦练以后，自己这支新队伍的力量。谁都想在比赛中去显示一下自己苦练得来的收获，个个跃跃欲试，都想在第二轮比赛中，再狠狠地打，继续争取好成绩，巩固胜利。

这是一种极好的竞技状态，这一切都为我考虑如何根据奥运会的需要打好第二轮的比赛提供了决策的依据。

我们经过认真研究，决定采取带有一点风险的策略。

第二轮比赛移师列宁格勒。前两场比赛，我们和日本又同样战胜了美国和苏联队。第三场又要和日本队交锋，争夺“列宁格勒杯”。

在和日本队打比赛的前一天晚上，我把郎平、张蓉芳叫到房间里，对她们说：

“我们教练打算明天你们两个不打主力，让姜英、侯玉珠先上场。”她们两个一听，呆了。

“为什么不让我们打？下面早研究好了，明天一定要好好地打！非拿下不可！”她俩异口同声地说。

我就跟她们一起分析，为什么要这么安排：明天这场球，日本队肯定要决一死战，希望夺回失去的胜利。你们两个台柱不上，她们根本不会有思想准备。如果我们输了，我们的队员信心不会受影响，因为我们还有两个主将没上。而日本队，即使这场球胜了我们，也没有用，心理上依然不安定，因为我们没全上主力。前一场我们主力阵容是3：0胜她们的。在这一年内，双方各胜一场，都是3：0，从心理上对我们来说，起码也是处于平衡。如果这场比赛，我们在两个主将不上的情况，再胜了她们（不是不可能的），那么我们既扩大了战果，又锻炼了新队员。更重要的是在精神上将给对方以沉重打击。这作用就非同小可了。

郎平、张蓉芳高兴地表示赞同这个方案。接着，我又把杨锡兰找来。叫她们三个人组织大家晚上自己先开个准备会。准备好，就不用叫我了。

她们回到房间后，把这个意图向大家一说：队员们马上就明白了，连连说：好啊，让我们上去拼，好好打，赢了多来劲，输了也无关大局。

比赛在列宁格勒体育馆举行。日本富士电视台仍然向国内进行实况转播。而且那天的转播时间刚好是日本收看电视的黄金时间，日本队员在做准备活动时就很兴奋，准备和我们好好拼一拼，比个高低，以便争取心理上的优势。

裁判哨声一响，双方运动员站位时，她们一看我们的上场阵容，运动员全发愣了。场上队员直望着场下的教练员，教练员一看这情景，好象也想把主力撤下来，但是，行动慢了点，比赛已打响，由于队员思想不集中，分数掉得很快，教练员又不敢马上把她们换下来，一转眼 0:12，她们已落后12分。第一局我们打了对方个措手不及，以15:2获胜。

我们的姑娘们更放开手脚打了。姜英、侯玉珠打了不少落地开花球。对方只研究了郎平、张蓉芳，对她俩既无准备又不熟悉，有些防不胜防。第二局我们开始也一路领先。中局，场上出现一些拉锯状态，打到14:13时我将郎平换上去扩大战果，结果，一锤定音，以15:13拿下这局后，又将她换下。

第三局日本队领先，我把张蓉芳换上去，打了一会儿，结果我们仍输了，我干脆又将张换下。

第四局打到 5:3 时，我又把郎平换上去，结果15:5胜。全场比赛我们 3:1获胜。

这场球一打，中日双方队员情绪发生了很大的变化。赛后开记者招待会，日本队迟迟不来，赶到后，教练说了一些很不客气的话（回国后还发表了一些文章），我们完全能理解他们当时的心情，并不计较。因为这两场球一输，她们刚刚调动起来的锐气被打下去了。教练员因此而烦躁是可以谅解的。

从苏联归来，队员们都说，这次邀请赛，使我们打出了信心，打出了心理优势。半年前笼罩在队员心理上的失败的阴影，已完全消失。队员们以较好的心理状态等待着接受洛杉矶奥运会的考验。

历史是她们创造的

（结束语）

“赢得奥运会金牌的一刹那，你在想什么？”一位记者向我提出了这个问题。

我在想什么？我竟回答不出来。

我好象什么也没想。当中美决战终场的哨音一响，我记得自己跟往常一样，打开笔记本，将比赛结果记录下来，然后跑到裁判员那儿，和他们握手，以示感谢……

再后来呢？

再后来，我好象自己把自己甩到了圈子之外，一个人站到了挡板那儿（场地周围用作挡球的板），呆呆地望着场上……

当看到我们的队员，主力、替补，一起哭得抱成了团……我这才感到，仿佛有一股强大的电流通过了我的身体，热呼呼的……我马上想到：整整八年多啊，总算过来了！顿时，每一个时期，就象电影镜头一样，在我脑子里一一闪过……尤其想到了福冈输球，想到了郴州集训最艰苦的时刻，酸、甜、苦、辣一起涌上来……

人在胜利时，常常首先想到最痛苦的时刻。姑娘们掉眼泪了。我没有掉。在我执教的八年多，多少次胜利，多少次失败，我没有掉过一滴眼泪。也许，这就是我的性格。

姑娘们哭完后，走进休息室更换球衣，准备登台领奖。我坐在场内左边的观摩席上，等待着发奖仪式开始。

日本女排总教练山田重雄先生走到我面前，和我握手表示祝贺。八年多了，我们总是暗暗地在"争斗"。虽然，场下见面时，相互都是以礼相待，但是微妙的竞争关系，总使我们相见时感到不很自然。看得出，眼前的山田先生一片真心。我握着他的手说："您不也是三连冠的教练吗？"他，会心地笑了。

论年龄和教龄，山田先生是长者；论夺取世界冠军的时间和次数，日本队也比我们早得多，多得多。我们没有什么可欣喜若狂的，我们的路还长着呢！……

我不动声色地坐在椅子上，轻松地看着发奖仪式上的激动场面，觉得这一切来得是多么不容易，又好象觉得这一切来得并不突然……为了达到这个目的，经过了几代人的艰苦努力啊!!

领完奖，走进休息室。这里，已是姑娘们欢乐的天下。我走到她们面前，向她们祝贺，又和她们一个一个握手。

为什么要一本正经地一一握手呢?!

为什么?我自己也不知道。可就这样，情不自禁、很动感情地握了。握到周晓兰时，我刚说了一句:“晓兰，不容易啊!”这个平时很少哭的姑娘，眼泪便忍不住往下掉……

打从1982年晓兰在秘鲁动过阑尾手术后，她的身体和技术状况明显下降，可以说，这一年多，她是用了很大毅力在“熬”日子。这次，她虽然没有作为主力战斗在第一线,可在做替补队员工作以及其他方面，都发挥了很好的作用。挂在她胸前的灿灿金牌，使她激动，使她感到欣慰……

和队员们握完手以后，我点燃一支烟，坐在一旁悠然地抽起来。忽然，这些淘气的丫头，把我包围住了，说是要“墩”我（即：抛向空中）。

我该怎么办？象前两次那样，非不让她们“墩”吗?!

外国运动员拿了世界冠军后，常常不管你教练愿意不愿意，当场就把教练抛向了空中。那是队员们在表达一种心情。

姑娘们几次想跟我调皮，都没有成功。她们觉得我不是那么好“对付”。那次，在秘鲁拿了世界冠军后，我从休息室出来，六、七个队员已躲在门口，一起把我抓住，要“墩”我。我一滑溜就逃走了。

这次，再让她们扫一次兴吗？我有些不忍心了。“让我抽完烟吧!”我正想再考虑一下：是让，还是不让。没想到，不由你分说，12个姑娘就七手八脚地把我抬了起来，抛向空中，一次又一次……

是这一双双不知打裂过多少次，不知缠过多少胶布的手，把我抬了起来；是这一个个，平时曾惹你“生气”，赛时又叫你高兴的姑娘，把我抛向了空中；我有些激动了，八年来第一次……

多么美好的青春年华，正是追求生活的时光。我却把她们带进了一个极少有娱乐的“世界”，“剥夺”了她们多少休息日，多少节假日……我似乎觉得有些对不起这些可爱的姑娘……

是这一双双智慧的手，是这一个个勤劳的姑娘，写下了中国排球史上辉煌的一页。历史是她们创造的。一个教练员本事再大，没有一批好队员，将一事无成……。

图书在版编目（CIP）数据

我的执教之道 / 袁伟民著. -- 北京 : 人民体育出版社, 1988 (2024.11重印)
ISBN 978-7-5009-0085-6

Ⅰ. ①我… Ⅱ. ①袁… Ⅲ. ①排球运动－教练员－经验－中国 Ⅳ. ①G842.2

中国版本图书馆CIP数据核字(2019)第194286号

*

人民体育出版社出版发行
北京中献拓方科技发展有限公司印刷
新华书店经销

*

850×1168　32开本　5印张　108千字
1988年2月第1版　2024年11月第5次印刷

*

ISBN 978-7-5009-0085-6
定价：25.00元

社址：北京市东城区体育馆路8号（天坛公园东门）
电话：67151482（发行部）　邮编：100061
传真：67151483　邮购：67118491
网址：www.psphpress.com
（购买本社图书，如遇有缺损页可与邮购部联系）